INVENTAIRE

DES

MANUSCRITS

DE

SAINT-GERMAIN-DES-PRÉS

CONSERVÉS À LA BIBLIOTHÈQUE IMPÉRIALE, SOUS LES
NUMÉROS 11504 — 14231 DU FONDS LATIN,

PAR

LÉOPOLD DELISLE,

Membre de l'Institut.

PARIS,

AUGUSTE DURAND et PEDONE-LAURIEL,

5, RUE CUJAS, 9.

INVENTAIRE

DES MANUSCRITS

DÉ SAINT-GERMAIN-DES-PRÉS 1032

EXTRAIT

De la Bibliothèque de l'École des chartes.

6e série, t. I, III et IV.

INVENTAIRE

DES

MANUSCRITS

DE

SAINT-GERMAIN-DES-PRÉS

CONSERVÉS A LA BIBLIOTHÈQUE IMPÉRIALE, SOUS LES
NUMÉROS 11504 — 14231 DU FONDS LATIN,

PAR

Léopold DELISLE,

Membre de l'Institut.

PARIS,

AUGUSTE DURAND et PEDONE-LAURIEL,

9, RUE CUJAS, 9.

1868.

INVENTAIRE

DES

MANUSCRITS LATINS

DE

SAINT-GERMAIN-DES-PRÉS.

TRÈS-GRAND FORMAT.

11502-11505 Bible. IX s.
11506-11510 Bible. XII s. Peint.
11511-11513 Bible. XIII s. Peint.
    11514 Ancien Testament. IX s. Peint.
    11515 Genèse et différents livres de l'Ancien et du Nouveau Testament. Fin du XV s.
    11516 Proverbes et autres livres de l'Ancien Testament. XV s. Peint.
    11517 Les livres d'Esdras, des Paralipomènes et des Rois. XV s.
    11518 Prophètes et épîtres de saint Paul. 1510. Peint. Parch.
    11519 Postilles de Nicolas de Lire sur l'Ancien Testament. XV s.
11520-11521 Lectionnaire à l'usage des Chartreux. XIII s.
    11522 Missel, avec quelques parties de l'office de la nuit. XII s. Notation en neumes.

11523 Cartes du Ptolémée imprimé à Ulm en 1482 ou 1486,
avec un texte ms. xv s. Pap.

11524 Tableaux chronologiques. xviii s.

11525-11526 Tableaux pour l'intelligence de l'histoire sainte. xviii s.

11527 Vie de Jésus-Christ, par Ludolfe. 1470. Peint.

11528 Tabulæ chronologicæ congregationum de auxiliis ab a.
1598 ad a. 1607 habitarum. xviii s.

11529-11530 Glossaire attribué à Ansileubus. viii ou ix s. Écrit.
lombardique.

11531 Vocabulaire de Papias. xii s. Peint.

GRAND FORMAT.

11532-11533 Bible. ix s. A la fin du second vol., sous le titre de
« Adbreviacio chronicæ, » résumé chronologique
s'arrêtant à Lothaire, fils de l'empereur Lothaire.

11534-11535 Bible. Fin du xii s. Peint.

11536 Bible. xiii s. Peint.

11537 Bible. xiii s. A la fin, homélies de S. Grégoire, vers
sur S. Paul, note sur S. Trophime.

11538 Bible. xiii s. Peint.

11539-11542 Ancien Testament. xiii s. Peint. Dans le n° 11541 fragment de rouleau mortuaire.

11543-11547 Bible glosée, incomplète. xiii s. Peint.

11548 Genèse et autres livres de la Bible. xii s. Peint.

11549 Genèse et autres livres de l'Ancien Testament. xii s.
Peint.

11550 Psautier, suivi de cantiques, d'hymnes et de litanies des
saints. xi s.

11551 Psautier glosé. xiii s. Peint.

11552 Psautier glosé, suivi d'un lectionnaire dans lequel sont
les vies des saints dont voici les noms : Abdon
et S. (194), Apollinaris (175), Arnulfus (164), Avitus
(124), Babolenus (205), Barnabas (116 v°), Basilidis
(117 v°), Benedictus (160 v°), Cantius (110 v°), Cristina (175 v°), Cristoforus (181 v°), Felicitas (159 v°),
Felix, Simplicius, etc. (194), Ferreolus et Ferrutio
(121), Germanus Autiss. (195), Germanus Paris.
(101), Gervasius et Pr. (125 v°), Jacobus frater Johannis (179), Johannes Bapt. (131 v°), Johannes et

Paulus (138), Julitta (123), Leutfredus (128), Maria
Magdalena (170 v°), Marcellinus (111 v°), Marcellus,
Paris. ep., auct. Fortunato (184), Martinus (155 v°),
Medardus (112 v°), Nazarius (118 v°), Paulinus
(130 v°)., Petrus et P. (140 v°, 157 v°), Petrus ad
vincula (201), Primus et Felicianus (114), Sanso
(190 v°), Stephanus papa (204 v°), Transfiguratio
(187), Turiavus (162 v°), Victor (168 v°), Vitus Lu-
cinus (120).— XIII s.

11553 Proverbes et différents livres de la Bible, version italique. IX s. Notes tironiennes dans les marges;
lettres ornées.

11554 Paraboles et autres livres de la Bible. Ct du XIII s.
Peint.

11555 Esdras et autres livres de la Bible, avec la glose. XIII s.
Peint.

11556 Les Prophètes avec la glose. XIII s. Peint.

11557 Les Prophètes avec la glose. XIII s. Peint.

11558 Évangile de saint Matthieu glosé. XIII s. Peint.

11559 Évangile de saint Jean, glosé. XIII s. Peint.

11560 Emblèmes bibliques, volume comprenant la fin de Job,
le Psautier, les livres de Salomon et les Prophètes.
XIII s. Chaque page est ornée de huit miniatures.

11561 Remarques de différents Pères sur la Bible. IX s.

11562 Exposition de plusieurs livres de la Bible, par Hervé;
copie de ms de Vauluisant. XVII s.

11563 Variantes de quelques livres de la Bible, recueillies en
partie par Ruinart. XVII s.

11564 Exposition du Lévitique, par Raoul de Flay. XII s. Peint.

11565 Pierre Lombard, sur le Psautier. XII s. Peint.

11566 Même ouvrage, 1re partie. XII s. Peint.

11567 Même ouvrage, 2e partie. XII s. Peint.

11568 Psalmorum elucidatio. XVII s.

11569-11572 Commentaires de Renaud Gibon sur les psaumes, sur
saint Luc et sur les Actes des apôtres. A la fin du
vol. 11571 est un traité du même auteur sur l'usure.
XVI s.

11573 Commentaire sur Job. XII s.

11574 Commentaire sur l'épître de saint Paul aux Romains. IX s.
En tête sermon sur la Toussaint et chants notés en

neumes pour la fête de S. Serge et S. Bacche, du XII s.

11575-11576 Exposition des épîtres de saint Paul attribuée à Florus. 1164. Peint.

11577 Livres I-V de l'exposition de l'Apocalypse par Ambroise Autpert. XII s. Peint.

11578 Livres VI à X du même ouvrage. XII s. Peint. — Première partie du Décret de Burchard. XII s. Peint.

11579 Isidori liber de officiis ecclesiasticis. — [De duabus hebdomadis passionis] (17). — Ordo misse a sancto Petro cum expositione sua (20 v°). — [Hugo, de sacramentis ecclesiasticis] (23). — Quare, sive interrogationes in ecclesiasticis officiis (35 v°). — [Ysaac, de officiis divinis] (52 v°). — Liber magistri Roberti Paululi de ecclesiasticis officiis (53 v°). — Ex libro Augeri de sacramentis altaris (73 v°). — [De missa seu de septem ordinibus] (74). — Gemma anime [auctore Honorio] (78). — [Septem status ecclesie] (125). — Liber Ivonis, Carnot. ep., de sacramentis dedicationis ecclesie vel altaris (125 v°). — Ejusdem sermones de sacramentis neophitorum (128); de ordinibus clericorum (130 v°); de vestibus sacris ministrorum altaris (132 v°). — [De dedicatione ecclesie] (135 v°). — Tractatus Odonis, Camer. ep., super canonem altaris (136 v°). — Versus Hildeberti, Cenom. ep., de officio altaris (142). — Versus mag. Petri Pictoris, canonici S. Audomari, de sacramentis altaris (145 v°). — Alii versus de ordine misse (150). — [Ivonis, Carnot. ep., epistola ad Pontium, Clun. abb.] (150 v°). — Liber Ernaldi de quinque verbis Domini in cruce (151). — Tractatus Remigii de celebratione misse (164). — XII s.

11580 Amalarii liber de ecclesiastico officio. — Rotberti, monachi Sancti Laurentii in Leodio, [sive Ruperti] liber de divinis officiis. — [Guillelmi, abb. S. Theodorici, fragmentum de sacramento altaris]. — [De lectionibus officii ecclesiastici]. — XII s. Peint.

11581-11586 Breviarium et missale ad usum ordinis S. Benedicti, pro congregatione S. Mauri, auct. Lud. Geslu. XVIII s.

11587 Antiphonaire de la congrég. de Chezal-Benoît. XVI s.
11588 Lectionnaire écrit en 1441 « in Monte S. Jeronimi prope Hatten. » — Vita S. Benedicti (56 v°); passio S. Cornelii pape (142).
11589 Sacramentaire précédé d'un calendrier. X s. Peint.
11590 Missel. X s.
11591 Missel de Paris. XII s.
11592 Missel de Toul. XV s. Peint.
11593 Missel des grandes fêtes. XV s. Peint.
11594 Partie d'un évangéliaire. XVI s. Parch. Peint.
11595 Épistolier. XVI s. Parch.
11596 Officia propria festorum ordinis Fratrum Minorum, Marcello S. R. E. cardinali Lantes dicata a Julio Arigono Cremon. XVII s. Peint.
11597 Extraits des conciles par A. de Harlay. XVII s.
11598-11610 Matériaux d'une compilation sur les canons des conciles. XVIII s.
11611 Concile de Chalcédoine. IX s.
11612 Journal du concile de Trente par Nicolas Pseaume. XVII s.
11613-11614 Travaux sur les œuvres de S. Hippolyte. XVIII s.
11615 Origène, sur l'Ancien Testament. XII s. Peint. Au commencement : recettes diverses; versus contra symoniachos; de Rome porticu.
11616 Origène, sur l'Ancien Testament. XII s.
11617 Origène, sur le Cantique et les Proverbes. XII s. Peint. A la fin, fragment de rouleau mortuaire.
11618 Variantes de divers ouvrages de S. Cyprien. XVIII s.
11619-11622 Matériaux pour une édition de S. Hilaire. XVII s.
11623 Matériaux pour une édition d'Optatus. XVIII s.
11624 Hexaméron et divers ouvrages de S Ambroise. XI s. Peint. — Y ont été ajoutées les passions de S. Nazaire et de S. Thomas.
11625 Matériaux d'une table du traité de S. Jean Chrysostome sur l'évangile de S. Matthieu. XVII s.
11626 S. Jérôme, sur le Psautier. XII s. Peint. A la fin, oraison dominicale en grec.
11627 S. Jérôme, sur Isaïe. IX s. Peint. Écrit. lombard.
11628 S. Jérôme, sur Daniel et sur l'Ecclésiaste; questions hébraïques. XII s. Peint.

11629 S. Jérôme, sur Ézéchiel. xii s. Peint.

11630 S. Jérôme, sur les petits Prophètes. xii s. Peint.

11631 Lettres de S. Jérôme. ix s. Peint. A la fin : passion de
S. Maurice ; répons notés en neumes.

11632 Lettres de S. Jérôme. ix s. A la fin : versus, laus cæsaris Hæynríci, avec notation en neumes.

11633 Lettres de S. Jérôme. xii s. Peint. A la fin, catalogue
des papes, s'arrêtant à Eugène II.

11634 S. Augustin, sur les Psaumes 1 à 44. xii s. Peint.

11635 S. Augustin, sur l'évangile de S. Jean. ix s. Au commencement : Vie de S. Jérôme.

11636 1re partie. Commentaire sur les épîtres de S. Paul, tiré
de S. Augustin. xii s. Peint.

2e partie. S. Augustin : de sermone in monte habito
et mundicia cordis (209) ; de x cordis (258) ; de
conflictu vitiorum atque virtutum (265 v°). xii s.
Peint. Au commencement et à la fin, fragments de
rouleau mortuaire.

11637 S. Augustin, Manuel et Cité de Dieu. xi s. Peint.

11638 S. Augustin, Cité de Dieu. xi s.

11639 S. Aug., Cité de Dieu, liv. 1 à 10. xi s.

11640 S. Aug., Cité de Dieu. xv s. Peint.

11641 Fragments de S. Augustin sur papyrus. vi s.

11642 Extraits de S. Augustin intitulés « liber Evipii. » ix s.

11643-11644 Milleloquium veritatis Augustini, compilatum a fratre
Barthol. de Urbino. Commencement du xv s. Peint.

11645-11666 Materiaux pour une édition de S. Augustin. xvii s.

11667-11670 Matériaux pour une édition de Cassien. xvii s.

11671 S. Grégoire, sur Job, liv. 1-5. ix s. A la fin, chant noté
en l'honneur de s. Fuscien.

11672 S. Grégoire, sur Job, liv. 6-10. ix s.

11673 S. Grégoire, les quarante homélies, le pastoral et les
dialogues. — Martyrologe (184). — xii s.

11674 Lettres de S. Grégoire. ix s.

11675 Lettres de S. Grégoire. xii s.

11676-11680 Matériaux pour une édition de S. Isidore. xvii s.

11681 Bède, sur S. Luc. ix s. Peint. Écrit. lombard. Au
commencement et à la fin, Sentences d'Isidore.

11682 Bède, sur l'Apocalypse. x s.

11683 Raban, sur S. Matthieu. ix s.

11684 Raban, [de universo.] — Épitaphe de Raban (218). — Liber Bede de locis sanctis (218). — XII s. Peint.

11685 Raban, éloge de la croix, précédé d'un traité sur le corps et le sang de J.-C. XI s. Peint.

11686 Matériaux pour une édition de Pascase Rathert. XVII s.

11687 Matériaux pour une édition de Ratramne. XVIII s.

11688 Lanfranci commentarii in epist. S. Pauli. 1652.

11689 Matériaux pour une édition de S. Anselme. XVII s.

11690 Sentences de Pierre Lombard. XII s.

11691 Sentences de Pierre Lombard. XIII s.

11692 Somme de Guillaume d'Auxerre. XIII s. Peint.

11693 Collectio catholice et canonice scripture ad defensionem ecclesiastice ierarchie [auct. Guill. de S. Amore]. — Theoremata de hostia consecrata (97). — Apologetycon actoris et libri editi contra adversarium perfectionis christiane, maxime prelatorum possessionumque ecclesiasticarum inimicum (141). — XIII s. — Au f. 184, ou a ajouté : Proposicio Richardi archiep. Ardmachani, primatis Hybernie, super materia mendicitatis, a. 1357.

11694 Quolibeta mag. Goudefridi de Fontibus a 5 usque ad 14. XIV s.

11695 De fide catholica, auct. Jo. Serrano. 1587.

11696 De Trinitate, de providentia Dei, de Angelis. XVII s.

11697-11698 Cahiers de théologie, etc. XVII s.

11699 Homélies. X s.

11700 Homélies. XII s. Peint.

11701 Homélies. XII s.

11702-11703 Homélies. XII s. Peint.

11704 Homélies. XII s. Peint.

11705 Homélies, auxquelles sont mêlées quelques vies de saints : Arnulfus (154); Benedictus (147); Crux (97); Dionysius (89); Ferreolus et F. (118 v°); Germanus Paris. (104); Gervasius et P. (120 v°); Johannes et Paulus (120); Leufredus (123); Marcus (93); Margarita (155 v°); Maria Magd. (161); Martialis (144 v°); Martinus (130); Medardus (114 v°); Turiavus (149); Victor (158). — Commencement du XIII s. — Cf. le n° 11754.

11706, 11707 Homélies. XIII s.

11708 Mélanges de théologie. — Junioris idiotæ contemplatio pacifica, proposita ignoto cuidam ascetico pro defensione decreti pontificii adversus hanc propositionem : S. Petrus et S. Paulus sunt duo pastores etc. — Pièces venues des jésuites, relatives aux affaires religieuses du XVII s. — L'abbé irlandais Callaghan. — XVII s.

11709 Collection de canons. IX s.

11710 Canons de Denis le Petit. 805 (?).

11711 Canons de Denis le Petit. IX s. — A la fin, morceaux sur les lettres formées et sur les tropes.

11712 Décret de Gratien. Commencement du XIII s. Peint.

11713 Décret, avec l'Apparat de Barthol. Brixiensis. XIII s. A la fin, Somme abrégée de Jean André sur le 4e livre des Décrétales.

11714 Quartæ decretales. — Comment. sur les Décrétales, (27). — XIII s.

11715 Décrétales, suivies des constitutions d'Innocent IV. XIII s. Peint.

11716 Décrétales, avec glose, suivies des constitutions d'Innocent IV. XIII s. Peint.

11717 Décrétales, avec les gloses de Bernard. Fin du XIII s. Peint.

11718 Henri Bohic, sur les Décrétales. 1397. Peint.

11719 Gloses de «Guido de Baysio, Bonon. archid.» sur le Sexte. XIV s. Peint.

11720 [Statuta canonum in 12 libros distincta, auct. H. Paptinensium præposito.] XIV s.

11721 Libellus dispensationum, auct. Joh. de Deo. — Tractatus de duobus fratribus compositus per d. Bar. de Saxo Ferrato. — Apparatus Dini supra epylogium sexti libri, scil. super tit. de regulis juris. XIII et XIV s. — Au commencement, fragments de gloses sur le Décret.

11722 Notes dont la plupart se rapportent à des matières de droit canon. — Seconde session du concile de Carthage, en 525, tirée par Baluze d'un ms. du Vatican (37). — XVII et XVIII s.

11723 Digestum vetus. XIII s.

11724 Commencement du Digeste (3). — Libellus de ordine

judiciorum compositus a Renfredo Beneventano (7).
— Questiones disputate Andegavis (101 v°) et Parisius (103 v°). — Libellus super jure canonico compositus a R. Beneventano (104). — Sur les blancs
qui se trouvaient au commencement et à la fin, on
a copié, au XIII s., des formules d'actes, des recettes
de médecine et une chanson dont voici le premier
vers : « L'autrier fors d'Angiers alay. » — Les jurisconsultes cités dans les questions angevines sont :
G. de Rothomago, Rufinus Lumbardus, Gervasius
de Clisant, Guillelmus de Ruis, Simon le Lormier,
Ricardus de Piris, B. de Brulia.

11725 Extraits du code Théodosien par A. de Harlay. XVII s.

11726 Observations sur divers points de droit romain. XVII s.

11727 Baldi de Perusio lectura super usibus feudorum. —
Ejusdem commentum super pace Constantie. —
Ejusdem responsio ad quesita [de feudis]. — XIV s.
Peint.

11728 Quatrième partie du Miroir historial de Vincent de
Beauvais. 1267.

11729 Chronique de Guillaume de Nangis, s'arrêtant à l'an
1368. XV s. Pap.

11730 Chronique martinienne, avec les additions d'Étienne
de Conty. Commencement du XV s.

11731 Recueil de chroniques, principalement formé par
D. Martène et D. Durand. — Addenda ad chronicon
Clarii, ex ms. S. Victoris Paris. — Breve chronicon
Aquicinctense (5). — Supplementum auctuarii Aqui-
cinctensis (7). — Breve chronicon abbatum Elnon.
(19). — Chronicon Floreffiæ (21). — Series metrica
abbatum Fontanellensium (32). — Chronica Gan-
densis cœnobii (35). — Chronicon Marchianense
(40). — Breve chronicon ab a. 1218 ad 1244 (46);
[cf. le ms. lat. 4936 B]. — Annales Vedastini, ex
cod. Marchianensi (47). — Breve chronicon ex cod.
S. Martialis Lemov. (86). — Breve chronicon imperatorum ex ms. Prumiensi (87). — Ex Guimanni li-
bello de monasterio S. Vedasti (89). — [De regibus
Franc., sæc. XI et XII, ex ms. Marchian.] (127). —
Genealogia regum Franc., ex ms. Vicon. (130). —

Henrici, Huntingt. archidiaconi, historiæ Anglorum
liber nonus, ex cod. Gemmetic. (148). — Epitaphia
(164, 165 v°, 174). — Chartæ Majoris Monast. (166).
— Veteres inscriptiones (167). — De Jacobo Boni-
vardi, clerico comitis Sabaudiæ, a. 1249 (168). —
Litteræ Gregorii papæ X (169). — De sancto clavo
in eccl. B. Dion. asservato (175). — Vetus chronicon Beneventanum (218). — Breve chronicon Cre-
monense (222). — Chronicon Pisanum (224). — Bo-
nicotri commentaria historica sui temporis ab a.
1420 ad 1436 (227). — Commentariolum Evangelistæ Manelmi de quibusdam rebus gestis in bello
gallico Francisci Barbari (252). — [Nonnulla de
monasterio Casæ Dei] (274). — Négociation des
ambassadeurs de Louis XI en Italie (300). — Breve
chronicon, ex ms. Chauveliano (382). — Breve
chronicon regum Franc., ex cod. Gemmetic. (383).
— De regibus Franc., ex cod. S. Vedasti (384). —
Nomina regum Franc., ex cod. Stabul. (386). —
Fragmentum de historia Franc. (388) — Ex chro-.
nico Laurentii Pignon., ord. Fratrum Prædicat. (390).
— De monast. Tuitiensi (396). — Ex chronico Ægi-
dii le Muisis (396). — De ædificiis urbis Romæ, ex
cod. Floref. (533). — De eisdem, ex cod. Oratorii
Romani Vallicell. (539). — Regiones urbis cum ec-
clesiis earum, ex cod. Alteriano (543). — Epigrammata diversa Timothei Vincentini (548). — [De fla-
gellatoribus] (556).

11732 Deux copies incomplètes de la chronique de Jean
d'Ypre. — Coutumes de Cluni, deux exemplaires,
(76, 137). — Chronicon S. Petri Vivi, auct. Clario
(245). — Extrait d'Éginhard (310). — Prologus cujusdam chronici a monacho Cisterc. Montis Regalis
compositi, ab orbe condito ad a. 1430 (311). — Ex
vita SS. Floriani et Florentii (312). — Miracula
S. Firmini, Virdun. ep. (313). — Chronicon breve
Barcinonense, [de la main de Du Cange] (320). —
Extr. des statuts de Cluni (322). — Notes sur la
chronique attribuée à Datius, archev. de Milan (330).
— XVII s.

11733 [Chronicon ad cyclos paschales], ex cod. Vallic. Romano 21 (33). — Chronicon Guillelmi de Nangis (35). — [De regno Siciliæ] (71). — Notes de D. Ans. Le Michel sur les auteurs du XI s. (83). — Fragment d'un poëme relatif à l'histoire de Sicile (142). — Pièce relative à l'expédition de Jean, comte d'Armagnac, contre Ferrare, en 1333 (148). — Sur le clou de l'abb. de S. Denis (150). — Chronique des comtes de Savoie (157). — Chronique de Gérard de Frachet (172). — Livre de Heriman sur S. Martin de Tournai (176). — Chronique de S. Pierre le Vif, par Clarius (188). — Chronique de S. Riquier par Hariulfe (215). — Mémoires sur l'authenticité des priviléges de S. Germain des Prés (296). — Partie d'un poëme sur les événements de Liége au XV s. (481). — Chronologia sacra (507). — Quelques pièces sur l'histoire moderne. — XVII et XVIII s.

11734 Généalogies des principales maisons de l'Europe depuis l'époque carlovingienne. XVII s.

11735 Antiquités de Josèphe. Commencement du XIII s.

11736-11737 Vie de J.-C. par Ludolfe. XV s. A la fin du t. I, traité sur la messe.

11738 Hist. ecclésiastique d'Eusèbe. X s.

11739-11741 Compendium omnium congregationum et disputationum quæ coram Clemente VIII et Paulo V celebratæ sunt in controversia de auxiliis divinæ gratiæ. XVII s.

11742 Dissertations sur l'hist. de l'égl. de Rome; la première intitulée : An Petrus cathedram Antiochenam fundaverit. XVII s.

11743 Copie du Diurnus Romanus. — Extraits d'un martyrologe et d'un pontifical de Reims (51). — Extr. d'un pontifical de Rouen (93). — Extr. du cartul. de l'égl. de Vienne (111). — Extr. du cartul. de l'égl. de Roye (155). — Extr. des cartul. de l'égl. de Chartres (163). — Chartes de Ste Geneviève de Paris (255). — Extr. du cartul. de Marmoutier pour le Vendômois (261). — Extr. du ms. lat. 1682 (277). — Extr. du Registrum curiæ (283). — Chartes de l'abb. de S. Just, au dioc. de Beauvais (343). —

Extr. du grand cartul. de Brioude (365). — Sur les
visites pastorales des archevêques (436). — Office de
la fête des fous à Sens (462). — Extr. d'un registre
de l'égl. de Bayeux (488). — Ancienne copie sur
parch. de la fondation de S. Pierre le Vif (494). —
Extr. d'un Ordinaire de l'égl. de Rouen (495). —
XVII s.

11744 Condamnation de deux opinions de Jean XXII par les
théologiens de l'université de Paris. 2 janvier 1334
(n. s.).

11745 Actes de la conférence tenue à Medina del Campo, sur
les prétentions d'Urbain VI et de Clément VII. 1381
et 1382.

11746 Extr. du journal de Jean Burchard. — Mémoires sur
les cérémonies de la cour de Rome et sur l'élection
des papes. — XVII s.

11747 Calendarium docto-sanctum, studio Philippi Despont.
XVII s.

11748 Vies de saints. x s. — Adrianus (128 v°); Affra (142);
Albanus (128); Andocius, Tirsus et Felix (50 v°);
Andreas (77); Anianus (64); Augustinus (17); Barthol. (12); Benignus (63); Captivus (90 v°); Cassianus (8); Cecilia (68 v°); Consortia, Eukyrius et
Galla (93); Cyprianus (34); Cypr. et Laurentius
(37 v°); Dionisius (53 v°); Eugendus (107); Eulalia
(79); Felix (7); Ferreolus (41); Genesus (16); Ge-
retrudis (135); Hieron. (148 v°); Hylario (54); Hylarius (88); Jacobus frater Joh. (5); Joh. monachus
et abbas (145); Justus Lugdun. (31 v°); Leudegarius
(80); Lupicinus (102); Mammes (123 v°); Marcellinus et Petrus (120); Marcellus (15); Mattheus (42);
Mauricius (47); Maximus (71 v°); Michael (52); Ni-
cetius (126 v°); Paulus (86); Privatus (9 v°); Quintinus (60); Radegundis (113); Regina (33); Romanus (67); Romanus, Lupic., Eugendus (96 v°); Saturninus (75); Sixtus, Laurentius et Hippol. (118);
Sofia (122); Speusippus, Eleus., Meleus. (139 v°);
Symphorianus (11); Valerianus (39 v°); Veranus (96).

11749 Vies de saints. xi s. — Afra (63 v°); Arnulfus (74 v°);
Aurea (66); Baltechildis (70 v°); Barnabas (191 v°);

Benignus (23); Bonittus (232); Cesarius Arelat. (170); Claudius, Asterius, etc. (86 v°); Clemens (21); Clodoaldus (16 v°); Columba (209 v°); Concordius (221); Cornelius papa (94); Cyprianus Carthag. (95); Demetrius (183); Donatus (40 v°); Eufrosina (56 v°); Eusebius Vercell. (114 v°); Evurtius (90 v°); Felix et Ad. (88 v°); Furseus (5 v°); Geuesius m. (87 v°); Geraldus conf. (121), Greg. presb. et m. (52 v°); Greg. Nazanz. (147 v°); Hieron. (188); Joh. Chrysost. (95 v°); Julianus (1); Justus Lugd. (146); Lucanus (19 v°); Lucia et Geminianus (43 v°); Lucianus (213); Lupus ep. (60 v°); Macra (219 v°); Maiolus (109 v°); Mammes (82); Marcellus m. (81); Marcialis (25 v°); Martina (196); Maximus (52); Medericus (13); Paulus herem. (243); Petrus m. (60); Policarpus (210 v°); Pontius (238 v°); Priscus (89); Privatus (84); Regulus (246); Sabina (88 v°); Savinus et Exuperantius et Marcellus (54); Septem dormientes (36); Sergius et B. (47); Sulpicius (202); Symeon Styl. (79); Syrus Ticin. (142 v°); Timotheus et Apoll. (85 v); Viventius (228 v°).

11750 Vies de saints et homélies. xi s. — Ambr. (164); Andreas (100); Audoenus (138); Augustinus (148); Barthol. (75); Hieron. (157); Jacobus (72); Jacobus (111 v°); Joh. (103 v°); Leutfredus (114); Marcus (113); Maria (57); Matheus (79 v°); Maurilius (185); Medardus (176); Nicholaus (125, 253); Paulus ap. (66 v°); Petrus ap. (59); Philippus (110 v°); Symon et Jud. (85); Thomas ap. (91 v°); Turiavus (196 v°).

11751 Vies de saints. Milieu du xi s. — Antoninus et Sanctinus (50 v°); Briccius (144); Dionysius (1); Martinus (82); Michael in monte Tumba (73); Vincentius (63 v°).

11752 Vies de saints et homélies. xi s. — Agatha (191); Agnes (172); Andreas (6 v°); Baltildis (186 v°); Benedictus (206); Droctoveus (249); Greg. papa (199); Joh. (53); Lucia (18); Lucianus (96 v°); Maurus (152 v°); Maximinus (20); Nicholaus (11 v°); Scolastica (193); Sebastianus (169); Silvester (64); Sulpitius (166 v°); Vincentius (177).

11753 Vies de saints. xii s. — Adrianus (129 v°) ; Agapitus (116); Alexius (47); Anastasia (251 v°) ; Apollinaris (51); Augustinus (122 v°) ; Barthol. (119); Bricius (319 v°) ; Calixtus (255); Caterina (270 v°) ; Cecilia (320 v°) ; Cesarius (260) ; Christoforus (59); Ciprianus (143) ; Clemens (331); Cornelius (142 v°) ; Cosmas et D. (173); Crisantus et Daria (181) ; Crux (147 v°) ; Dionisius (246) ; Donatus et Yllar. (87 v°) ; Duodecim fratres (196); Egidius (218); Eusebius m. (106 v°) ; Eustachius (167 v°) ; Felicitas (39) ; Felix ep. et m. (214) ; Felix m. (68 v°); Felix m. (75); Felix et Ad. (217); Fides (239 v°) ; Flora et Lucilla (69 v°); Genesius m. (118) ; Germanus Capuanus (257 v°); Grisogonus et Anastasia (335); Hedestus et Priscus (253 v°); Helena (336 v°); Jacobus ap. (56); Januarius, Festus et Desid. (153 v°); Jeron. (229 v°); Joh. Bapt. (1, 128 v°, 207 v°) ; Joh. et Paulus (5 v°); Julianus Cenom. (286) ; Justina (144); Laurentius (104 v°, 199 v°) ; Leonardus (296 v°) ; Longinus (329); Lucas (178); Lucia et Gem. (149) ; Machabei (73 v°); Margarita (44); Maria (107, 226 v°); Martialis (24); Martinus (312) ; Matheus (160 v°); Mauricius (165 v°); Maurus m. (263); Maximus levita (177 v°); Mennas (309 v°); Mercurius m. (264); Michael in Conas (221 v°); Michael in Garg. (176) ; Nazarius et C. (65) ; Omnes sancti (292); Paulus ap. (15); Petrus ap. (8 v°); Petrus Alexandr. (276 v°); Praxedis (50); Processus et Mart. (35 v°) ; Protus, Jacinctus et Eugenia (136 v°); Quatuor coronati (303 v°); Quiricus et Julita (40); Remigius (233 v°); Rufus et Carponius (203); Sabina (205); Samonas, Gurias et Abibus (259 v°); Saturninus (285); Savina (129); Secunda et Rufina (37); Septem dormientes (94) ; Seraphia (71); Sergius et B. (241); Simplicius, Faustinus, etc. (68) ; Steph. protom. (83); Steph. papa (78); Symon et Jud. (187); Tecla (192); Theodorus (307 v°) ; Victorinus (64 v°); Xistus (85 v°); Ypolitus et Cassianus (104 v°).

11754 Vies de saints et homélies. C‍t du xiii s. sauf les f. 107 à 112, 194 à 233, qui ont été écrits après coup.

Cf. le n. 11705.—Andreas (145 v°); Barbara (208) ;
Benignus (122); Bernardus (227); Brictius (134 v°) ;
Cecilia (138); Clemens (141); Clodoaldus (59); Crux
(72 v°) ; Dyonisius (90 v°, 98 v°); Filibertus (46);
Georgius, Aurelius et Nathalia (49, 104 v°); Germanus Autiss. (10); Germanus Paris. (1); Gregorius
papa (57) ; Hieronimus (87 v°); Joh. Bapt. (52);
Katerina (213, 217 v°); Laurentius (22); Lucas
(101 v°); Ludov. rex (223); Lupus [Senon.] (55);
Maria (28, 61, 76 v°, 231); Martinus (1:5 v°); Matheus (79); Mauricius (82) ; Maurilius (70 v°); Michael (84 v°); Omnes sancti (112); Petrus ad vinc.
(12 v°); Simphorianus (44 v°); Steph. prothom.
(15 v°); Turiavus (212); Venantius (94 v°); Vincentius (107); Ypolitus (26 v°).

11755 Vies de saints et offices notés. C¹ du xiii s. —Aygulfus
(5, 18 v°); Barnabas (8); Blitharius (1); Egidius (17);
Felix (17); Fides (46 v°); Flavitus (15); Leodegarius
(28 v°); Leonardus (20 v°); Memorius (10); Tancha (12 v°).

11756 Vies de saints. xiii s. — Agatha (169); Agnes (137);
Albanus (8); Albinus (173 v°); Ambrosius (189 v°);
Anastasia (23 v°); Andreas (1); Antonius (116);
Babilas (145); Baltechildis (161 v°); Basila (231 v°);
Blasius (167 v°); Bonefacius (236); Bonitus (91);
Columba (50 v°); Concordius (56); Crisantus et Da-
ria (4 v°) ; Crux (207); Dyonisius (195 v°); Eligius,
auct. Audoeno (2 v°); Eufrosina (56 v°); Eugenia
(26); Eulalia (14); Felix presb. (90 v°); Fructuosus
(139); Furseus (104 v°); Genovefa (59); Gentianus,
Fuscianus et Victoricus (15); Georgius (197); Gordianus (222); Greg. m. (22 v°); Greg. Naz. (209);
Greg. papa (175); Hylarius (80); Ignatius (164 v°);
Jacobus (206 v°); Joh. Chrysost. (148); Joh. evang.
(31 v°); Joh. presb. et her. (244 v°); Joh. [5 kl.
febr.] (244 v°); Julianus et Bas. (70 v°); Julianus
ep. (158 v°); Longinus (179); Lucia (17); Lucianus
(66); Macra (68); Maiolus (223); Marcellus ep. Paris.
(249); Marcus (205); Margarita (239 v°); Maria
Magd. (183); Marius, Martha, etc. (135 v°); Martina

(51 v°) ; Maurus abbas (95) ; Maximinus (18) ; Mucius (229 v°) ; Nereus et Ach. (226 v°) ; Niceforus (194 v°) ; Nicholaus (9, 217) ; Pancracius (229) ; Paulus ep., frater s. Germani (170 v°) ; Paulus herem. (78 v°) ; Petrus Balsamus (58 v°) ; Petrus et Andreas, Paulus et Dyonisia (231) ; Philippus (206) ; Policarpus (146 v°) ; Pontius (233 v°) ; Quadraginta martyres (237 v°) ; Regulus (199 v°) ; Savinus (49) ; Saturninus, Sisinnius, etc. (102 v°) ; Sebastianus (127) ; Severinus (173) ; Silvester (34 v°) ; Simeon (63 v°) ; Speusippus, El. et Mel. (110) ; Sulpitius (111) ; Thomas ap. (19) ; Thomas Cantuar. (45 v°) ; Tymotheus ep. (140) ; Victor m. (208) ; Vincentius (140 v°) ; Vitalis m. (205 v°) ; Viventius (84) ; Vulfrannus (180 v°).

11757 Vies de saints. XIII s. — Agericus (146) ; Alexander, Eventius et Theodolus (46) ; Amator ep. (34) ; Ambrosius (15) ; Ambrosius Caturc. ep. (145) ; Andeolus (31) ; Antidius Bisuntin. (151) ; Athanasius (39 v°) ; Attalus (141 v°) ; Austregisilus (78) ; Barnabas (109 v°) ; Baudelius (77) ; Bonefacius (103) ; Caraunus (94) ; Crux (43 v°) ; Decem millia mart. (117) ; Desiderius Lingon. ep. (82) ; Donatianus et Rog. (83) ; Erasmus (104 v°) ; Eutropius (29 v°) ; Felix, Fortunatus, etc. (20) ; Fidolus (74) ; Fotinus et Blandina (99) ; Gallicanus (119 v°) ; Gengulphus (52) ; Germanus Par. (89) ; Gervasius et Prot. (113 v°) ; Gordianus et Epim. (51) ; Hugo Grannopol., auct. Guigone (1) ; Jacobus, kl. maii (29 v°) ; Joh. et Paulus (120) ; Lusorius (156 v°) ; Mappalicus (19 v°) ; Marcellinus et Petrus (98) ; Marcellus m. (131) ; Marcialis (132) ; Marcus (25) ; Maria Eg. (10 v°) ; Maxentius (120 v°) ; Maximinus ep. (96) ; Maximus m. (156) ; Medardus (104 v°) ; Nereus et Ach. (54 v°) ; Pachomus (61 v°) ; Pancratius (51 v°) ; Paulus ap. (128) ; Petrus ap. (121 v°) ; Petrus et Andr., Paulus et Dien (73 v°) ; Philippus (30 v°) ; Pontius (57 v°) ; Primus et Felicianus (108 v°) ; Quiriacus (49 v°) ; Richarius (27) ; Robertus abb. (21 v°) ; Sigismundus (33) ; Theobaldus (139 v°) ; Theodosia (7) ; Torpes

(75 v°); Urbanus Lingon. (143) ; Urbanus papa (83 v°); Valerius (154); Victor, Alexander, etc. (156 v°); Victor et Corona (60 v°); Vitalis m., 4 kal. maii (29 v°); Vitus (112).

11758 Vies de saints. XIII s. — Abdon et S. (72 v°) ; Agapitus (133); Agilus (180); Alexius (185); Apollinaris (35 v°); Arnulfus (128); Audoenus (154 v°); Augustinus (163 v°); Bartholomeus (151 v°) ; Benedictus (13 v°); Carisepphus (1) ; Cassianus ep. (99); Christina (41); Christoforus (45 v°) ; Cucuphas (48); Cyriacus diac. (103); Deicolus (122 v°); Dionisius (70 v°) ; Donatus (102); Eusebius Vercell. (86 v°); Eusebius, Vincentius, etc. (160); Felicitas (13) ; Felix papa (70 v°); Felix, kl. aug. (93); Felix et Ad. (184); Genesius m. (162 v°) ; Genésius Arel. (162); Germanus Autiss. (74); Goar (10) ; Helena (134); Jacobus, 8 kl. aug. (44); Julianus, auct. Greg. Tur. (172); Laurencius (104 v°); Lupus, 4 id. aug. (71 v°); Machabei (84); Mammes (131); Margarita (15 v°) ; Maria (116); Maria Magd. (30 v°) ; Massa Candida (153 v°) ; Memmius ep. (100); Nazarius et C. (55 v°); Pantaleo (53); Petrus ad vinc. (83 v°); Philibertus (146); Praxedis (30); Processus et Mart. (9 v°); Radegundis (107 v°, 188); Sabına (179 v°) ; Salvius (5 v°); Sanso (60); Septem dormientes (50); Simphorianus (150 v°) ; Simplicius, Faustus et Beatrix (71); Spes, Fides et Car. (91 v°); Steph. prothom. (97); Steph. papa (94 v°); Syxtus papa, Feliciss. et Agap. (101); Thimotheus (149 v°) ; Turiavus (184); Yonius (186 v°); Ypolitus (107).

11759 Vies de saints. XIV s. — Adrianus (76 v°); Agilus (293 v°) ; Agricola et Vit. (259); Alexis (239); Andochius, Tyrsus et Felix (111 v°); Andreas (260) ; Anianus (230 v°) ; Arnulphus (23); Audoenus (46); Audomarus (187 v°); Augustinus (59, 282); Aygulfus (63 v°); Barthol. (44); Basolus (157 v°) ; Benedictus (280 v°) ; Benignus (197); Bernardus (27 v°); Bercharius (166 v°); Bricius (227); Calixtus papa (156 v°); Cecilia (244); Cesarius Arelat. (50); Clemens (245); Columba (1); Columbanus (234 v°);

Cornelius papa (94); Cosmas et Dam. (114); Crisantus, Maurus et Daria (277 v°); Crispinus et Crisp. (180 v°); Crux (93 v°); Cyprianus m. (94 v°); Deicola (238 v°); Dionysius (148); Egidius (64 v°); Eligius (267); Eufemia (97); Eufrosina (2 v°); Eusebius, Vincentius, etc. (48); Eustachius (209 v°); Evurtius (74); Faro (184 v°); Felicitas et Perpetua (246 v°); Felix Nolanus (4 v°); Felix et Audactus (292 v°); Fides et Caprasius (140 v°); Florentinus et Hilarius (112 v°); Frodobertus (160 v°, 179 v°); Genesius (50); Gorgonius et Dorotheus (87 v°); Greg. Turon. (234 v°); Crisogonus, Anastasia, etc. (247); Hieron. (118); Hilarius (3); Joh. Bapt. (288 v°); Julianus Brivensis (287 v°); Justus (173); Katharina (254 v°); Lambertus (99 v°); Leodegarius (136 v°); Lupus Senon. (297); Maclovius (228); Marcellus m. (69); Martinus (214 v°); Matheus (105); Mauricius (107 v°); Memorius (70); Mennas (213 v°); Michael (115 v°); Nicholaus (284); Pelagia (143); Petrus Alex. (258 v°); Prothus, Jac. et Eugenia (89 v°); Pyaton (132 v°); Quintinus (189 v°); Remigius (120 v°); Sabina (292); Sanctinus et Antoninus (155 v°); Saturninus (259 v°); Savinianus et Pot. (174 v°); Sequanus (103); Serenus (133); Sergius et B. (145); Silvester (1); Symon et J. (184 v°); Symphorianus (43); Symphorianus, Claudius, etc. (205); Tancha (154 v°); Tecla (109 v°); Theodorus (212 v°); Timotheus (43); Timotheus et Apollinaris (49).

11760-11779 Vies de saints recueillies par les Bénédictins. XVII s. Les copies qui forment ce recueil sont généralement classées par ordre alphabétique. Les vol. 11775 et 11776 sont consacrés aux vies de Thomas Becket; le vol. 11777 renferme surtout des renseignements bibliographiques, et le vol. 11779, des vies en français.

11780-11786 Matériaux pour la continuation des Acta Sanct. ord. S. Bened.; presque tous se rapportent au XII s.

11787 Canonisation de sainte Thérèse. XVII s.

11788 Hildemare, sur la règle de S. Benoît. XVII s.

11789 Exposition de la même règle par Pierre Boyer, abbé de S. Chignan XVII s.

11790 Glose de Richard de S. Ange sur la même règle. xvii s.

11791 Documents sur l'histoire monastique; il y a surtout
des statuts se rapportant aux ordres ou aux maisons
de Corbie (1), Cîteaux (19, 155), Prémontré (20),
Cluni (43, 171), Liessies (47), les Franciscains (66),
S. Antoine en Viennois (70), S. Victor de Paris (81),
la Chartreuse (128, 184), Ferrières (165), Hastières
(173). — Opuscules de Nicolas de S. Victor (40) et
de Serlon, abbé de l'Aumône (154). — Extr. de qq.
mss. de la Vallicellane (159). — xvii s.

11792 Documents sur l'histoire monastique. — Sunaxarium
monast. Criptæ Ferratæ (1). — Catal. des mss. de
Cîteaux (87). — Copies de chartes (120), dont qq.-
unes carlovingiennes; plusieurs de S. Arnoul de
Metz et de S. Nicolas d'Angers. — Breviarium ec-
clesiastici ordinis, ex ms. palat. (152). — Miracles
de N. D., par Gautier, moine de Cluni (170). — Une
partie de ce vol. est formé de papiers du P. Sirmond. — xvii s.

11793 Hist. de France attribuée à Hugues de Fleury. — Hist.
de Paul Diacre (52). — Fragments d'hist. mérovin-
gienne (197). — « Historia Treberorum » (198). —
xiii s.

11794-11795 Copie du cartul. D de Phil. Aug. xvii s.

11796 Procès des Templiers en 1309; ms. orig. sur pap.

11797 États généraux de Paris en 1355 et de Tours en 1483.
xvii s.

11798-11800 Actes relatifs à la mort de Louis, duc d'Orléans, et à
la doctrine de Jean Petit. xvii s.

11801 Procès de condamnation de Jeanne d'Arc. xvii s.

11802 Négociations des ambassadeurs de Louis XI en Italie.
xvii s. Voy. le ms. 9030.

11803 Documents sur les affaires ecclésiastiques du royaume
de France, et en particulier de la Bretagne. Pièces
sur le saint-siége, les cardinaux et les légats. xvi et
xvii s.

11804 Bulles relatives aux affaires de France depuis le
xiii s. Documents sur le grand schisme. Plusieurs
pièces originales. xvii s.

2.

11803-11809 Signaturæ legationis d. Alexandri cardin. Florentiæ. Fin du xvi s.

11810-11812 Bullæ ejusdem legationis. Fin du xvi s.

11813 Listes d'abbayes et de prieurés. — Actes de l'abb. de Chési (103). — Fragment d'un compte de 1417 relatif à une imposition ecclés. levée en Normandie (114). — Pouillés ou matériaux de pouillés, dont les principaux se rapportent aux dioc. de Buzas, xv s. (93), de Rouen, xv s. (120) et de Troyes (242), et aux monastères suivants : Ambournay (254), le Bec (259), Bernai (414), Bonneval (284), Bourgueil (358), Breteuil (265), la Chaise-Dieu (39, 292), Chezal-Benoit (323), Conches (329), Corbie (332), Cormery (334), Évron (338), la Grasse (267), Josaphat (270), Jumièges (342), Lagny (363), Lehon (369), Lire (371), Lonlay (367), Marmoutier (374), Mauzac (404), Molême (405), Montieramei (406), Montivilliers (408), Montolieu (407), Mont S. Michel (410), Mont S. Quentin (412), Noaillé (418), Pontlevoy (417), la Sauve (362). — xvii s.

11814 Pouillés ou matériaux de pouillés se rapportant aux monastères suivants : Aniane (243), Beaulieu près Loches (284), Brantome (188), Corbie (192), Corbiguy (111), Coulombs (147), la Couture au Mans (194), Ébreuil (109), Fécamp (209), Flavigny (212), Fleury (9), Landevenec (84), Lezat (218), le Mas Grenier (222), Moutier S. Jean (93), Rebais (235), Redon (252), S. André sous Avignon (1), S. Benigne (7), S. Calais (14), S. Chignan (19), Ste-Colombe de Sens (20), S. Corneille de C. (23), S. Crespin (27), S. Denis (28), S. Étienne de Caen (35), S. Euverte d'O. (43), S. Évroul (37), S. Faron (45), S. Florent de S. (47), S. Fuscien (57), S. Georges de B. (82), S. Germain d'A. (63), S. Germer (74), S. Gildas des Bois (78), S. Guillem (90), S. Jouin (99), S. Julien du Pré (103), S. Jul. de Tours (104), S. Lomer (116); S. Lucien de B. (142), S. Magloire de P. (144), S. Maixent (149), S. Martin d'Autun (152), S. Martin de Pontoise (160), S. Martin de Séez (154), S. Maur sur Loire (162), S. Melaine de R. (164), S. Mesmin

(163), S. Michel en l'Erm (174, 220), S. Nicaise de
Reims (179), S. Nicolas des Prés sous Ribemont
(184), S. Ouen (146), S. Père de Chartres (225),
S. Pierre sur Dive (207), S. Pierre le Vif (229),
S. Pons de Tomières (236), S. Remi de Reims (237),
S. Remi lès Sens (240), S. Savin (256), S. Seine
(259), S. Serge d'A. (260), S. Sulpice de B. (273),
S. Taurin d'E. (280), S. Thierri (281), S. Tiberi
(287), S. Vincent de Laon (296), S. Vinc. du Mans
(288), Solignac (300), Tiron (303), le Tréport (178),
Villemagne (150). — xvii s. — Les mss. 11813 et
11814 sont en partie formés des papiers de D. Chantelou et de D. Huynes.

11815-11817 Constitutions de la congrég. de S. Maur. xvii s.

11818-11821 Matériaux du Monasticon gallicanum de D. Germain ;
deux vol. de texte, et deux vol. de planches. Suivent
les noms des monastères dont il est question dans
le Monasticon ; les lettres A et B répondent aux deux
volumes de texte, mss. 11818 et 11819 ; les lettres
C et D, aux deux volumes de planches, mss. 11820
et 11821. — Ambournay (D 80), Aniane (D 99),
Argenteuil (C 24), Bassac (D 93), Beaumont en Auge
(C 66), le Bec (C 42), Bernay (C 45), les Blancs-Man-
teaux à Paris (C 2, 3 et 4), Bonne-Nouvelle à Rouen
(C 43), Bonne-Nouvelle d'Orléans (D 84), Bonneval
(C 55), Bourgueil (D 120), Breteuil (C 21), Caunes
(A 308, D 109), Chaise-Dieu (D 89), Château-Gon-
tier (D 137), Chelles (C 16, 17), Chesi (C 32), Conches
(C 48), Corbeny (A 23, C 35), Corbie (B 104, C 5),
Cormery (D 132), Coulombs (C 56), la Couture
(A 256, D 129), la Daurade (D 96), l'Évière (D 124),
Évron (A 67, B. 542), Eyssex (D 98), Fécamp (C 40,
57), Ferrières (D 76), Fleury (D 71), la Grasse
(D 108), Issoire (D 110), Ivry (C 69), Josaphat (C 52),
Jumièges (C 44), Lagny (C 18), Landévenec (D 123),
Lire (C 54), Lonlay (C 60), Maimac (A 17, D 94), Mar-
moutier (A 4, D 124), Mauriac (A 101, D 87), Mo-
lôme (A 192, D 79), Molôme (A 203), Montmajour
(A 220, D 102), Montolieu (A 204), Montreuil-Bellay
(A 222), Mont S. Michel (A 233, D 114), Mont

S. Quentin (B 16, C 6), la Mourguié de Narbonne
(A 218), Moutier S. Jean (D 76), Noaillé (A 341),
Nogent (C 22), Noyers (D 130), Orbais (A 355, C 34),
Pontlevoy (A 465, D 74), Préaux (A 486, C 58),
Rebais (B 99, C 31), Redon (B 180, D 117), la Réole
(B 54), Réthel (B 32, C 38), Rochefort entre Avi-
gnon et Uzès (B 169), S. Allyre (D 88), S. André
d'Avignon (D 101), S. Aubin d'Angers (D 131),
S. Bâie (C 19), S. Bénigne (D 81), S. Calais (D 83),
S. Chignan (D 100), S. Clément de Craon (D 113),
Ste Colombe de Sens (D 77), S. Corneille (C 7),
S. Crespin (C 23), Ste-Croix de Bordeaux (D 97),
S. Denis (C 13), S. Éloi de Noyon (C 12), S. Étienne
de Caen (B 353, C 67), S. Évroul (C 46), S. Faron
(C 1), S. Florent (D 126), S. Fuscien (C 27), S. Georges de B. (C 63), S. Germain d'Aux. (D 73), S. Germain des Prés (C 10, 11), S. Germer (C 53), S. Gildas de Ruis (C 44), S. Jean d'Angely (D 86), S. Jean
de Laon (C 25), S. Josse sur Mer (C 36), S. Julien de Tours (A 59, D 125), S. Lomer (D 72),
S. Maixent (A 118), S. Malo (A 93, D 115), S. Martin d'Autun (A 34), S. M. de Pontoise (C 28), S. M.
de Séez (A 45, C 50), S. M. de Vertau (A 76),
S. Mathieu de Fineterre (A 83, 97, D 128), S. Maur
sur Loire (B 257, D 135), S. Maurin (A 109, D 106),
S. Médard de S. (A 127, C 15), S. Melaine de R.
(A 139, D 116), S. Michel des Anges (D 91), S. M.
en l'Erm (A 185), S. M. de Tonnerre (B 447, D 85),
S. Nicaise de Meulan (A 280, C 26), S. Nicaise de
Reims (A 296, C 14), S. Nicolas d'Angers (A 309,
D 119), S. N. au Bois (A 325, C 37), S. N. de Ribe-
mont (A 317), S. Ouen de R. (C 62, 64, 65), S. Pé
de Générez (A 423, D 111), S. Père de Chartres
(A 368, C 59), S. Pierre de Chalon (A 361), S. P.
sur Dive (A 411, C 68), S. P. de Melun (A 179, D 82),
S. P. le Vif (A 450, D 78), S. Pourçain (A 478),
S. Quentin en l'Ile (B 1), S. Remi de R. (B 67, C 8),
S. Riquier (B 127, C 29), S. Robert de Cornillon
(B 161, D 92), S. Savin de Lavedan (B 222, D 95),
S. Savin en Poitou (B 233, D 90), S. Seine (B 239),

S. Serge d'A. (B 248, 337, D 118), S. Sever au dioc.
d'Aire (B 277, D 104), S. Sever au dioc. de Tarbes
(B 269), S. Sulpice de B. (B 367), S. Taurin d'E.
(B 378, C 51), S. Thierri (B 392, C 9), S. Tiberi (B 408,
D 105), S. Valeri (B 493, C 20), S. Vigor de Bayeux
(B 527, C 61), S. Vincent de Laon (B 586), S. V.
du Mans (B 562, D 122), S. Vulmer (B 627, C 33),
S. Wandrille (B 507, C 49), la Sauve Majeure (B 290,
D 107), Solême (B 467, D 133), Solignac (A 438),
Sordes (D 112), Sorèze (D 103), Souillac (B 322,
D 138), Tiron (B 435, C 47), le Tréport (B 613,
C 30), le Tronchet (B 475), Tuffé (B 485, D 127),
Turpenai (B 536, D 134), Vendôme (B 459, D 70),
Vierzon (B 600), Villeloin (D 136), Villemagne
(B 529).

11822 Pièces sur la congrégation de S. Vannes. XVII s.

11823 Recueil de traités, la plupart conclus entre 1643 et
1658. XVII s.

11824 Traités conclus avec l'Espagne, de 1250 à 1514. XVII s.

11825 Mémoire sur la succession de la maison d'Armagnac
(2). — Extr. des Olim (22) et d'autres registres du
parlement (154). — Recueil sur la juridiction ecclés.
(214). — XVI s.

11826-11834 Chartes diverses, du VI au XVIII s., la plupart en original.—Fragments d'anciens mss. dans les vol. 11830,
11832 et 11834.

11835-11839 Extraits des registres de la chambre des comptes, du
parlement et du Châtelet, et de divers cartul. et
obituaires du dioc. de Paris. XVII s. Dans le vol.
11839, à la p. 353 : Vita S. Genovefe.

11840 Terrier de la seigneurie d'Apchon en Auvergne, au
XVI s. — 1668.

11841 Mémoires sur le Dauphiné. XVII s. Copie du ms. 307 de
Brienne.

11842 Documents sur les monastères de la Flandre et des
pays voisins. XVII s. — Anchin (103), Auchy (81),
Femy (248), Gemblours (257), Liessies (314),
S. Amand (172), S. André près Cambrai (91), S. Denis de la Broquière (166), S. Pierre de Gand (137,
279).

11843 Suite du précédent recueil. — Bergues (312), Liessies
(1), Lobbes (5), Marchiennes (13), Maroilles (122),
S. Sauve près Valenciennes (156), S. Vast (193),
Villiers (238).

11844 Deux copies de la chronique de Jean d'Ypre. xvii s.

11845 Joannis Mercerii, gymnasiarchæ Marchiani et acade-
miæ Paris. rectoris, oratio, inter inferias, quibus
academia Paris. parentabat ill. Galliarum senatus
principi Pomponio Bellevræo, habita apud Maturi-
nenses 3 non. maias 1657.

11846. Registrum curiæ. xvii s.

11847 Dépositions recueillies contre les Albigeois, de 1299 à
1303. xiv s.

11848 Actes de l'inquisition de Toulouse, de 1307 à 1323.
xvii s.

11849 Florilegium sacrum ex conciliis 17 compositum, cum
serie episcoporum Magalon. Arnaldi de Verdala
(121), et processu Martini papæ IV contra Petrum III
regem Aragonum (174). 1646.

11850 Chartes et mémoires tirés des archives d'Aix et d'Arles.
xvii s.

11851 Ms. orig. de la chronique allant de 741 à 1139, qui
est publiée dans Pertz (SS., VI, 542) sous le titre de
« Annalista Saxo. » xii s.

11852-11853 Actes concernant les empereurs d'Allemagne et les
électeurs de l'Empire. xvii s. Copie, en double
exempl., du ms. 87 de Brienne.

11854 Fêtes données par la ville de Bruxelles à l'archiduc
Ernest en 1594. Peint.

11855 Œuvres philosophiques et tragédies de Sénèque. xiv s.
Peint.

11856 Consolation philosophique de Boèce, avec les commentaires de Nic. Triveth et de S. Thomas. xiv s.
Peint.

11857 Jac. Dalechamps, version latine des ouvrages de
Théophraste sur les plantes, etc. xvi s.

11858-11859 Ornithologie de Jac. Dalechamps. xvi s. Peint.

11860 Divers traités de Galien. xiv s. Peint.

11861 Avicenne. xiii s.

11862 De accidentibus. Commencement du xvi s.

11863 Mélanges de mathématiques, en latin, en grec, en français et en italien, tirés « ex biblioth. Lustierina. » XVI et XVII s. — Data numerorum Jordani (1). — Alex. Andersoni appendix pro calculo motuum quinque planetarum (19). — Tractatus de commensurabilibus et incommens. (31).— De eclipsibus (86 *bis*). —Réflexions de D. Maur Fouguet sur la censure de la gnomonique par le calcul et par la géométrie (188). — Hypomnema Marini philosophi (504).

11864 Étymologies d'Isidore, précédées de la correspondance avec l'év. Braulion. — Tableau des degrés de parenté. — Explication des sept sceaux de l'Apocalypse. — Vers 1200.

11865 Catholicon de Jean de Gênes. XIV s.

11866 Mélanges de poésie. XVII et XVIII s. — Poëme de Tobie (1). — Mag. Alexandri Laus sapientiæ divinæ (40). — Pièces de vers composées par Jo. Prevost (89), Fr. Caulier (90), Lud. Hurillon (91, 93), J. Mentel (94), N. Leon. Bursarius (95), J. Fr. Mondolot (96), Fr. Boutard (99), Am. du Mas (106), Car. Thiery (112), Ben. Thibaud (113), Fr. de Clermont Thoury (139), Pet. Neveletus Doschius (169), Car. Fr. Thiery (184), Seb. Tripier (276), Franc. Linant (323), Jos. Rosset (354), Rob. Wallery (363), Ren. Pr. Tassin (371), Jo. Henr. Wentsel (373). — Extr. du ms. 553 du Vatican (104). — Lettre des religieux de Tiron à Jean Casimir, roi de Pologue (178). — Épitaphes et inscriptions modernes, plusieurs composées par Mabillon. — Deux vieilles épitaphes de l'égl. de Lagny (262). — Inscription antique de Vicence (311). — Distiques de l'abbé Serlon (355). — Épitaphe de Ratherius (356). — Qq. pièces en français et en italien.

11867 Recueil de lettres et de modèles de lettres, dans lequel on distingue le recueil de Transmundus (1), la Somme de Thomas de Capoue (46) et qq. lettres de Pierre de Blois (150).—Cicéron, sur l'amitié (30 v°). — Paradoxes de Cicéron (44). — Poésies diverses (98 v°, 114, 130 v°, 165 et 179). — Livre de l'enfance du Sauveur (166). — Vie de Pilate (177). —

Vie de Judas (179). — Hymnes sur la Vierge attribuées à S. Bernard (180). — Petri Alfursi Clericalis disciplina (184). — Liber mag. Alexandri, canonici Cyrecestrie, qui inscribitur Laus sapiencie divine (189 v°). — Poésies diverses (214 v°), dont plusieurs sont des chansons à boire ; elles sont d'Alexandre Neckam et d'autres auteurs ; y sont nommés Serlon (214 v°, col. 2) et Guillaume d'Orléans (238).—Lettre de S., prieur de Malmesbury (240 v°), suivie de : Doctrina manualis (241), et de : Ars et doctrina phisonomie (241). — Privilége accordé par Constantin au pape Silvestre (243 v°). — Fin du XIII s.

11868 Catal. alphab. des livres du procureur général d'Aguesseau. 1702.

11869-11872 Catal. de la bibl. de l'abbé d'Estrées. XVIII s.

11873-11882 Différents catal. (. . la bibl. de Séguier. XVII s.

11883 Tables alphab. d'un recueil de catalogues de mss. formé par Montfaucon. — Fragment du catal. des mss. de la Laurentienne. — XVIII s.

11884 Fragments de divers mss. du X au XII s. — Lettre du patriarche Hélie, en 884, X s. (2 v°). — Homélies de S. Grég., X s., écrit. saxonne (7). — Lettres de Hildebert, XII s. (23). — Fragments de deux recueils de vies de saints du XI ou XII s. : Anatholia et Audax (146 v°), Apollinaris (56), Cristina (66 v°), Cristoforus (75), Cucufas (72 v°), Euplus (160 v°), Felicitas (15 v°), Felix m., 29 jul. (104 v°), Felix m. 1 aug. (135), Fides S. et C. (137), Focas ep. (49 v°), Goar (47), Hermagoras et Fortunatus (129 v°), Jacobus fr. Joh. (69 v°), Justus et Pastor (159 v°), Karilepphus (37, 145, 150 v°), Marcialis (119, 147), Maturinus (143 *bis*), Nazarius et C. (101), Odilo abbas (99 v°), Praxedis (55), Processus et Mart. (145), Rufina et Secunda (127 v°), Sabinus (143), Sanso (78 v°), Seraphia (106), Sixtus, Laurentius etc. (108 v°), Steph. papa (139), Simplicius, Faustinus et Beatrix (105), Turiavus (133 v°).

11885 Fragments de divers mss. du XII au XVI s. — Vies ou miracles de saints, XII s. : Abraham (20 v°), Aitalus (48), Aldegundis (59 v°), Barontus (15 v°), Bonittus

(54), Calocerus (46 v°), Cassianus (12 v°), Furseus
(57 v°), Helena (64 v°), Hieron. (11), Julia (15) ,
Letus (5). — Annales de S. Évroul (24). — Homélies
(36). — Fragment d'une sorte de dictionnaire des
synonymes latins, xii s. (67). — Arismetica Jordani
demonstrata, xiv s. (89). — Fragment d'un traité
sur le grand schisme, xv s., pap. (116). — La re-
prise de la Floride par le capp. Gourgues, xvi s.
(124). — Différend au sujet de la rivière de la Bi-
dassoe, xvi s. (139).

11886-11901 Pièces recueillies par les Bénédictins et reliées en seize
volumes. On remarque :

Dans le vol. 11886 : Chronicon Beneventanum (1). —
Ex registro Benedicti de Ovetariis, cancellarii regis
Cypri (25). — Ex kalendario veteris missalis S. Dio-
nysii (49). — Ex martyrologio Metensi (49 v°). —
Ex Speculo stultorum (54). — Ex archivo Lucensi
(65). — De monasterio SS. Cosmæ et Damiani in
Mica Aurea Romæ (75). — Privilegia ordinis Humi-
liatorum (89). — Malleus hæreticorum (119). —
Catalogus scriptorum qui e congreg. Cassin. florue-
runt (127). — Vita S. Johannis a Mathera (153). —
De congreg. Burfeldensi (179). — De ordinibus
monasticis, ex cod. Reginæ 37 (244). — De monasterio S. Andreæ nunc S. Gregorii de Urbe (256). —
De abbatia S. Salvatoris Montis Acuti Perusiæ (280).

Dans le vol. 11887 : De monast. S. Pancratii et S. Victoris de Urbe (19).—Ex formulario Martini de Ebolo
(45). — Alexii Melfitani episcopi epistola (99). —
Bonnicontri Florentini chronicon (103). — Oliverii
cardin. Neapol. itinerarium classis apostolicæ in
Turcos (243). — Ex commentariis histor. Justi Joannis d'Anghiari Florentini, ab a. 1437 ad a. 1482
(273). — Ex chronico Cremon. (275 v°). — Ex pon-
tificali Narbon. (289 v°). — Ex sacramentario Paris.
(291 v°). — De hospitali S. Mariæ Teutonicorum
(300). — Ex Baptistæ Candelarii tractatu historico
de vetusta Northmanniæ urbisque Rothom. nuncu-
patione (310 v°). — Sixti IV epistolæ (319 v°). — De
urbis Senæ origine etc. L. Aut. Magneri epitome

(351). — Chronicon Aquilegiense (369). — Rescripta varia sanctorum pontificum (439).

Dans le vol. 11888 : Gilberti ep. Tornac. opuscula (1). — Extr. d'un cartul. de l'archev. de Tours (15). — Catal. des mss. du Mont-Cassin (43 et 67). — Lettre de Guill., moine de S. Bertin, à Innocent II (59). — Anacleti antipapæ epistolæ (75 v°). — De hospitali S. Jacobi de Alto Passu Paris. (96). — Chartes d'abbayes allemandes (104). — Bulles et brefs du xv s. (133 v°). — Commentariolum Evangelistæ Manelmi Vincentini de quibusdam gestis in bello gallico Francisci Barbati (169). — Status causæ Henrici Scaligeri (183). — Lettre de Rancé à l'abbé de Cîteaux (186).

Dans le vol. 11889 : Continuation d'Anastase le Bibliothécaire, jusqu'à l'an 1328 (1). — Extr. du ms. 1267 de la Reine, renfermant l'hist. des papes de Bernard Gui (57), le Dragon normand (80 v°), et les Gestes des rois de France, depuis Phil.-Aug. jusqu'à Charles VI (87 v°). — Lettres de Grégoire VII (107). — Extr. du ms. 196 de la Reine relatif aux croisades et à l'hist. ecclés. (115). — Ancien catal. des év. de Noyon (126 v°). — Notice des cités de la Gaule (140). — Theodori Amidenii elogia cardinalium et pontificum (167).

Dans le vol. 11890 : Lettre sur la nomination de l'abbé Witcherius, xi s. (1). — Chartes de Chaise-Dieu (2), de Cluni (20), d'Arras (116) et de Meaux (124). — Petri Mallii historia basilicæ Vaticanæ (46).

Dans le vol. 11891 : Traités sur le grand schisme, mss. sur pap. du commencement du xv s.

Dans le vol. 11892 : Documents sur le grand schisme, transcrits par D. Martène. — Copies de différentes chartes. — Pièces orig. du xv s., sur pap. — Documents orig. de la même époque, en anglais.

Dans le vol. 11893 : Copies de chartes et de lettres.

Dans les vol. 11894 et 11895 : Chartes et lettres, copiées pour la plupart par D. Martène.

Dans le vol. 11896 : Romualdi archiep. Salernitani chronicon (1). — Nicolai Specialis historia Sicula

('72 *bis*). — Liber S. Laurentii de duobus temporibus (269). — Acta archiepiscoporum Neapolit.,
auct. Joh. Diacono (289).

Dans les vol. 11897-11901 : Copies de différentes
chartes.

11902 Papiers de Mabillon, contenant principalement les notes prises par ce savant dans les archives et les bi-
bliothèques de Champagne, de Lorraine et d'Alsace.

11903 Papiers divers de Martène et de Durand.

11904-11920 Papiers de Montfaucon. Copie du Diarium ital. et pièces relatives à cet ouvrage dans les vol. 11904-11906
et 11919. — Inscriptions et monuments antiques
dans les vol. 11906, 11908, 11909, 11911-13, 11915-
11919. — Antiquités du moyen âge (églises, tom-
beaux, statues, vases sacrés, châsses, ornements
sacerdotaux, etc.), dans les vol. 11907, 11912, 11913,
11915, 11917, 11919. — Sceaux et monnaies dans
les vol. 11912 et 11914. — Communications du président d'Aigrefeuille, dans les vol. 11907, 11914 et
11915 ; du président Bon, dans le vol. 11912, et du
baron de Crassier dans le vol. 11907. — Lettres sur
le Périgord, vol. 11906, f. 280. — Dernières années
du journal d'Alexandre VI, vol. 11909, f. 39. —
Chronica quomodo Cruciferi exorti sunt, vol. 11909,
f. 149. — Variantes pour une édition de la chronique
de S. Jérôme, des fastes consulaires, etc., vol.
11909, f. 171. — Notes de voyage, de la main de
Montfaucon, vol. 11919. — Mémoires pour la bio-
graphie de Montfaucon, vol. 11919. — Ludovici XIV
zelus in apostolicam Romanamque religionem, pa-
negyricus Francisci Berrettarii Carrariensis, vol.
11919, f. 263. — Lettre de D. Le Fournier sur les
antiquités égyptiennes, vol. 11920, f. 186. — Dans le
vol. 11907, f. 143, deux feuillets d'un ms. du XIII s.,
couverts de dessins relatifs aux articles du Symbole.

11921-11924 Papiers de D. Lamy, auxquels sont mêlées qq. notes
de D. Grenier. — Origines du christianisme dans la
Gaule. — Dans le vol. 11922 : Vita b. Maximi conf.
(145) ; vita s. Reguli (154) ; Passio ss. Crispini et
Crisp. (169) ; Passio s. Macræ (175) ; extr. des pas-

sionnaires de l'abb. de Longpont (179). — Dans le vol. 11924 : Note des ouvrages d'Hincmar conservés à S. Emmeran de Ratisbonne (170); abrégé de l'histoire de qq. abbayes de la province de Reims.

11925 Mélanges. — Concile provincial de Reims en 1583 (1). — Statuts de l'université de Paris, en 1590 (26). — Réunion d'Épinal à la couronne, le 11 sept. 1444, copie du temps (101). — Vers latins sur S. Fare (107). — Analyse des correspondances bénédictines de 1634 à 1685.

11926 Recueil des Sainte-Marthe, relatif en grande partie à l'hist. ecclésiastique. — Vita S. Judoci (102). — Cartul. de S. Josse sur Mer (116). — Cartul. de S. Vincent au Bois (165). — Procès entre René de Rieux et Robert Cupif touchant l'évêché de Léon (217). — Cartul. de N.-D. de Troyes (290).

11927-11928 Extraits de divers ouvrages par Galland.

MOYEN FORMAT.

11929 Bible. xii s.

11930-11931 Bible. xiii s. Peint.

11932 Bible. xiii s.

11933 Bible. xiii s.

11934 Bible. Fin du xiii s. Peint.

11935 Bible. Vers 1327. Peint.

11936 Édition de la Bible préparée par D. Martianay. xviii s.

11937 Ancien Testament. ix s.

11938-11941 Ancien Testament. xi s.

11942 Seconde partie d'une Bible, commençant à Job et finissant à l'Apocalypse. xiv s.

11943 Genèse et Exode, avec glose. C¹ du xiii s. Peint.

11944 Deutéronome avec glose. — Traité sur la messe (77). — xiii s.

11945 Josué et les Juges, avec glose. C¹ du xiii s.

11946 Livres des Rois. ix s.

11947 Psautier de S. Germain. vi s.? Écriture onciale; parch. pourpré; encre d'argent.

11948 Psautier glosé. xii s.

11949 Psautier précédé d'un calendrier. — Concorde des
  Évangiles (39). — Antiennes, hymnes, etc. (74 v°).
  — XII s.
11950 Job, avec glose. XII s.
11951 Ezéchiel, Daniel et les douze Prophètes ; Baruch suivant la version italique (105). — Lettre d'Étienne
  de Ste Geneviève à R. moine de Pontigny (109 v°).
  — Table des passionnaires de S. Germain (112). —
  Vies de Saints : Alexander elemos. (156), Anianus
  (143), Columbanus (145), Eligius (140), Eulalia
  (168), Leodegarius (130), Maglorius (135), Quntinus
  (115), Remigius (123).—De sepulcro B. Petri apost.
  (169).—XII s., sauf les f. 109 à 114 qui sont du XIII.
11952 Jérémie et Baruch. XI ou XII s.
11953 Petits Prophètes avec glose. XII s. Peint.
11954 Isaïe avec glose. Ct du XIII s.
11955 S. Matthieu et S. Marc. VI s. Parch. pourpré; encre
  d'or. Ecriture capitale.
11956 Évangiles. IX s. Peint.
11957 Évangiles. IX s. — Au f. 5 v°, catal. des reliques de
  Corbie au XI s.
11958 Évangiles. IX s. Peint.
11959 Évangiles. X s.
11960 Évangiles. XI s. Peint.
11961-11962 Évangiles. XI s. Peint.
11963 Évangiles. XI s. Peint.— Au ct et à la fin, actes relatifs
  à l'érection de l'évêché d'Arras et à l'absolution de
  Philippe I.
11964 Évangiles et Actes des ap., précédés de la Concorde
  de Zacharias Crisopolitanus. XII s.
11965 Évangiles glosés. Ct du XIII s.
11966 Évangiles de S. Matthieu et de S. Marc, avec glose.
  Ct du XIII s. Peint.
11967 Épîtres de S. Paul et Apocalypse, avec commentaires. Ct du XIII s.
11968 Épîtres de S. Paul avec comment. Ct du XIII s.
11969 Épîtres canoniques, Actes des ap. et Job. XIII s. —
  Dans les interlignes on a copié en 1355 l'abrégé de
  théologie de S. Thomas.

11970 Épitres des apôtres. Fin du xv s. Pap.

11971 Table alphab. de la glose. xiii s.

11972-11978 Postilles de Nic. de Lire sur la Bible. xv s. Peint.

11979 Postilles morales de Nic. de Lire sur la Bible. xv s.

11980-11982 Postilles de Nic. de Lire sur les Rois et sur divers livres de la Bible. xv s.

11983 Postilles de Nic. de Lire sur le Psautier et sur Job. C^t du xv s.

11984 Postilles de Nic. de Lire sur les livres de Salomon et d'Esdras. xiv s.

11985 Travaux de Guill., abbé de S. Germain, sur l'Ancien Testament. xiv s. Pap.

11986-11992 Travaux divers sur l'Écriture sainte. xvii et xviii s.

11993 Comment. de Brunus sur le Pentateuque. xii s.

11994 Comment. de Rich., abbé de Préaux, sur l'Exode. C du xii s. Peint.

11995 Comment. d'Isichius sur le Lévitique. xi s. — Au c^t et à la fin, fragments de grammaire du x s.

11996 Comment. sur l'hist. de Sanson. xvi s.

11997 Comment. sur les Rois et sur les livres de Salomon. — Traité de Bède sur le Temple. — ix s.

11998 Traité d'Angelomus sur les Rois. xii s.

11999 Exposition des psaumes. ix s.

12000 Comment. sur les psaumes. « Hymni vocantur. » xii s.

12001 Comment. sur une partie du Psautier. xii s.

12002 Deuxième partie d'un comment. sur les psaumes attribué à Yves. xii s.

12003 Dernière partie du traité de Gautier, év. de Maguelonne, sur les psaumes. xii s.

12004 Comment. de Gilbert de la Porée sur les psaumes. xii s. Peint.

12005 Comment. sur les psaumes. « Omnis divina. » xii s.

12006 Comment. sur les psaumes. « Prophetia est aspiratio. » xii s. Peint.

12007 Comment. de Pierre Lombard sur les psaumes. xii s.

12008 Même ouvr. xii s. Peint. — On y a ajouté qq. documents sur le collège de Cluni à Paris.

12009 Même ouvrage. xiii s.

12010 Même ouvrage. xiii s.

12011 Glose psalterii secundum Cantorem. xiii s.

12012 Comment. sur les psaumes. xv s. — En tête est reliée
l'exposition de Joh. de Turre Cremata sur les psaumes, impr. à Mayence en 1476.

12013 Notes sur les psaumes. xvii s.

12014 Comment. sur le Cantique des Cant., tiré d'un ms. de
S. Martin de Tournai. xvii s.

12015 Jo. Harduini Canticum Canticorum historica expositione illustratum. xviii s.

12016 Expositio Philippi in Job. xi s. — A la fin, fragment
d'un rouleau mortuaire.

12017 Exposition d'Isaïe par Hervé de Déols. xvii s.

12018 Liber super visione rotarum Ezechielis editus a fr. Henrico de Carreto, Lucano ep., a. 1315. xiv s. Peint.

12019 Comment. sur les petits prophètes. xiii s.

12020 Comment. sur S. Marc. — Sermons et Homélies (97,
129 v°). — Liber Richardi de patriarchis (104). —
Sur les noms de Dieu (137). — Vers de Hildebert sur
les noms de Dieu (138 v°). — S. Augustin, sur la
lecture de la loi divine (139). — Comment. sur le
symbole de S. Athanase (139 v°). — xii s. Peint.

12021 Comment. sur S. Matthieu. — Canons irlandais (33). —
x s. Au c⁺ fragment sur S. Riquier. — A la fin, fragment du Code théodosien. vii s.

12022 Postille super Matheum secundum fr. Petrum de Scala,
ordinis Predicatorum. xiii s.

12023 Fragment d'une glose sur S. Matthieu, attribuée à
Guill., év. de Paris. xiii s.

12024 Exposition de l'Évang. de S. Matthieu attribuée à Al-
varus. xiii s.

12025 Comment. de Gordon sur l'Évang. de S. Jean. xvi s.

12026 Unum ex quatuor, seu concordia evangelistarum edita
a Zacharia Crisopolita. xii s.

12027 De sacrosanctis J. C. verbis ex evangelio depromptis.
xvii s.

12028 Comment. sur les Épîtres de S. Paul. xii s.

12029 Comment. sur les Épîtres de S. Paul. xii s.

12030 Comment. sur l'Apocalypse. xiii s.

12031 Apringii ep. Pacensis tractatus in Apocal. xvii s.

12032 Libellus Galfredi Strabonis de exordiis et incrementis quarumdam in observationibus ecclesiasticis rerum. — Eglogæ de ordine Romano. — Guillelmi ad Bernardum liber de resurrectione. — Copié au xvii s. d'après un ms. de l'égl. du Puy.

12033 Liber Amalarii de ecclesiastico officio. xii s. Peint.

12034 Rational de Guillaume Durand. xv s.

12035 Bréviaire noté. xii s.

12036 Bréviaire noté. C^t du xiii s.

12037 Bréviaire de S. Maur des Fossés, avec calendrier. xiii s.

12038 Bréviaire espagnol avec calendr. xiii s.

12039 Bréviaire de S. Maur; calendr. Comm. du xv s.

12040 Hymnes et cantiques. xiv s.

12041 Psaumes et hymnes à l'usage de S. Maur; calendrier; notation musicale. Comm. du xv s.

12042 Capitules, oraisons, bénédictions, etc., à l'usage de S. Maur; notation musicale. xii s.

12043 Oraisons, capitules, etc., à l'usage de S. Germain. 1399.

12044 Antiphonaire de S. Maur. C^t du xii s. Peint.

12045 Lectionnaire. ix s.

12046 Lectionnaire. xii s.

12047 Fragment de lectionnaire. xii s. — Homélies sur les Évangiles (32). xi s.

12048 Sacramentaire et martyrologe de Gellone. Fin du viii s. Peint.

12049 Copie de ce Sacramentaire. xvii s.

12050 Sacramentaire écrit par Rodradus en 853. Peint.

12051 Sacramentaire, connu sous le nom de Missel de S. Éloi. ix ou x s. Peint.; qq. feuillets pourprés; encre d'o et d'argent.

12052 Sacramentaire écrit au x siècle par ordre de Ratoldus, abbé de Corbie; calendrier; neumes.

12053 Missel noté en neumes. xi s.

12054 Missel de S. Maur, noté en neumes; calendr. C^t du xii s. Peint.

12055 Missel de Cologne noté en neumes. 1133.—En tête, calendrier du xiv s.

12056 Missel avec calendr. xii s. Peint.

12057 Missel de S. Maur; calendr. xiii s.

12058 Missel de S. Maur. xiii s.

12059 Missel. xiii s. Peint.

12060 Missel de S. Maur ; calendr. xiv s. Peint.
12061 Missel de S. Maur. xv s.
12062 Missel de Paris ; calendr. xv s. Peint.
12063 Missel de Cologne ; calendr. xv s.
12064 Missel des Chartreux. xv s. Peint.
12065 Missel avec calendr. xv s. Peint.
12066 Évangiles et oraisons de la messe. xiii s. Peint.
12067 Évang. et oraisons. xiii s.
12068 Évangiles. xiii s.
12069 Épîtres. xv s.
12070-12071 Épîtres et Évang. Fin du xv s.
12072 Oraisons de la messe à l'usage de S. Maur. xii s. Peint
12073 Canon misse a mag. Odone Camer. ep. compositus. —
    Petri de Riga Aurora. — xiii s.
12074 Leçons pour la fête du S. Sacrement. xvii s. Parch.
12075-12076 Offices propres à diverses maisons de la congrég. de
    S. Maur, en partie composés par D. Hug. Vaillant.
    xvii s.
12077-12078 Manuel des cérémonies par Michel Bauldry. xvii s.
12079 Pontifical de Toul. xv s. Peint.
12080 Cérémonies du sacre. v. 1500. Parch.
12081 Ordo perpétuel à l'usage de l'égl. de Strasbourg. 1484.
    Pap.
12082 Rituel de Corbie. xiii s. — Leçons pour la nativité de
    N.-D (41). xii s.
12083 Rituel de Corbie. xiii s. Peint.
12084 Stephani de Contyaco liber de consuetudinibus servicii
    divini in eccl. Corbeyensi. xv s. Voy. le n. 12892.
12085 Recueil de bénédictions à l'usage de S. Germain. xiv
    s. Peint.
12086 Cérémonial de S. Germain composé, en 1395, par l'or-
    dre de l'abbé Guillaume. 1395?
12087 Même cérémonial. Copie du xv s.
12088 Rituel de S. Maur; calendrier. xiii s.
12089 Papiers de Mabillon, de Martène, etc., sur les anciens
    rites. — Antiquæ consuetudines monasterii S. Pauli
    de Urbe (199).—Officium Conceptionis, auct. Rob.
    Quatremaires (246). — Extraits de divers mss. de
    France et d'Italie. — Chronicæ compendiosæ sum-
    morum pontificum, auct. Almarico Augerii (346). —

3.

Willermi de Perauth tractatus de professione mo-
naçhorum (401).

12090 Bern. Guidonis tractatus de tempore celebrationis con-
ciliorum. — De ordinatione officii misse. — De pre-
ceptis decalogi. — De articulis fidei. — Gesta Karoli
Magni de capcione Carcassone et Narbone et cons-
tructione et consecratione altaris et ecclesie monasterii Crassensis. — xv s.

12091 - 12096 Extraits des canons des conciles préparés pour un dictionnaire. xviii s.

12097 Canons de conciles et lettres de papes. — Catalogue des
papes s'arrêtant à Vigile (1). — Notice des cités de
la Gaule (141 v°). — vi s. Partie en écriture onciale.

12098 Lettres du concile de Chalcédoine. — Opuscules ou
lettres de Liberatus (63), Prosper (89), Aurelius (112
v°), Gelasius (115), Damasus (118 v°), Joh. Constan-
tinopolitanus (120), Greg. Naziazenus (120), Isidorus
Pelusiota (122 v°), Cyrillus (123 v°), Theodoritus
(124 v°), Quintinianus (127), Asclipiades (127 v°).—
ix s.

12099 Gennadii Scholarii interpretatio in Florentinum concilium, a Francisco Davantatio e græco in latinum
conversa. xvi s.

12100 Actes des conciles de Constance et de Bâle. xv s. Pap.

12101 Expédition authentique des décrets des conciles de
Bâle et de Lausanne. xv s.

12102 Variantes pour les actes du concile de Bâle. — Conciles provinciaux et statuts synodaux de Cologne du
xiii et du xiv s. — xvii s.

12103-12104 Déclarations sur les décrets du concile de Trente. xvi
et xvii s.

12105 Statuts des dioc. de Conserans (88) et de Meaux (188),
et des abb. de Cluni (1) et de S. Victor de Marseille
(54). xvii s.

12106 Extraits de conciles et de statuts. xvii et xviii s. —
Conciles et statuts synodaux de Bourges (70) et
d'Uzès (99). — Constitutions des chanoines de S. Augustin (82). — Statuts du chapitre d'Auxerre (1), de
la Sainte-Chapelle de Bourges (41) et de l'abb. de
Chaise-Dieu (127). — Ambrosius Camald. in versio-

nem VII homeliarum S. Ephrem (131).—Extr. de la chronique de Geoffroi de Colon (143). — Fondation du prieuré de Capelles (156).

12107-12115 Travaux de D. Le Nourry sur la Bibliothèque des Pères.

12116 Notes sur les Pères et extraits de divers mss. — Lanfranci libellus de confessione celanda (30). — Liber Ratramni de predestinatione Dei (34).—Epistola Treverensium de jejunio IV temporum (68). — De Paulo Warnefridi (77). — Timothei vita, præfixa Guarini Veron. epistola (84). — Epistola presb. Johannis ad Emmanuelem (88).—Horologium æternæ sapientiæ (106). — Anselmi varia (118). — Admonitio S. Cesarii (143). — Petri de Alliaco sermo de Trinitate (149). — Ex Godefridi Remensis epistolarum libro (154).—XVII s.

12117 S. Clément. —[Rhemnii Fannii carmen de ponderibus et mens.] (1). — Chroniques abrégées depuis Adam jusqu'à Charlemagne (105). — Généal. des rois de France jusqu'à Henri Ier (110 v°).—Tableaux chronol. avec des annales écrites à S. Germain (111).—Opuscules sur le comput et l'astronomie (127).—Excerptio vel expositio compoti Herici (139). — Versus Bedæ ad componendum orologium (147). — Ambrosii Macrobii Theodosii de mensura et magnitudine terræ et circuli per quem solis iter est (182).—XI s. Peint.

12118 S. Clément. XII s.

12119 S. Clément.—Lettre de S. Clément sur la translation de S. Jacques. — XII s.

12120 Angelica ierarchia Dyonisii.—Commentum Boetii de Trinitate (115).—Boetius de ebdomadibus (155).— Boetius de duabus naturis (168 v°). — XIII s.

12121 Origène, sur la Genèse, l'Exode et le Lévit. X s.

12122 Origène, sur les Nombres.—Traité de Bède sur le tabernacle (96). — XII s.

12123 Origène, sur le Cantique. XII s.

12124 Origène, sur l'Ép. de S. Paul aux Romains. IX s.

12125 Libri Origenis de principiis, necnon apologeticum S. Pamphyli pro Origene. IX s.—En tête on a mis, au XII s., l'épitaphe d'Origène.

12126 S. Cyprien. X ou XI s.

12127 Extraits de S. Cyprien. xvii s.

12128 Liber S. Methodii de consummatione sæculi, translatus in lat. a Petro monacho. — Sermones.b. Odilonis (7) et Autberti presbiteri (9). — Liber Hrat-
gani contra Judeos(65).—S. Bernardi libellus super
antiphonarium Cisterc. ordinis (94). — xvii s.

12129 Variantes pour une édition de Lactance. — Notes, lettres et mémoires sur les œuvres de S. Anselme, de
S. Bernard et d'autres Pères. — xvii s.

12130 Extraits d'Eusèbe, de S. Basile et de S. Cyrille. xvii s.

12131 Traités de S. Athanase. — Witmundi libellus de Trinitate (80 v°). — xii s.

12132 S. Hilaire, sur la Trinité. x s.

12133 S. Hilaire, sur la Trinité. x s.

12134 Examéron de S. Basile. — Gregorii, Nyseni ep., liber
de imagine, [præfixa Dionysii Exigui præfatione].—
ix s. Écrit. lombard.

12135 Examéron de S. Ambroise. ix s. Écrit. lombard. Peint.

12136 S. Ambrosii expositio super Beati Immaculati ; — de
consolatione Valentiniani. — Exameron. — xii et
xiii s. — En tête, sermon de S. Athanase, et vision
de Taion.

12137 S. Ambroise, sur les Patriarches, etc. ix s.

12138 S. Ambr., de Officiis et autres traités. xii s.

12139 I. S. Ambr., de Spiritu sancto; de incarnationis sacramento (13); de Trinitate (26 v°). — Vita S. Paulæ
(42 v°). — S. Johannis Chrys. homelia (53 v°).—xi s.
II. Augustinus, de Genesi (65, 119); de singularitate
clericorum (73 v°).—Juliani Pom. liber de compro-
batione sextæ etatis (79).—Omelie Eusebii Emisseni
de pascha (88). — Liber b. Johannis Chrys. in epist.
b. Pauli ad Hebr. (93).—S. Anselmi meditationes
(141).—xii s.

12140 Homélies et divers traités de S. Jean Chrys. x s.

12141 Divers traités de S. Jean Chrys. x s., sauf les f. 1-7,
qui sont du xii s. — Ymnus de S. Cecilia (7 bis). x s.

12142 Traités de S. Jean Chrys. — Translation et miracles
de S. Benoît (98 v°). — C¹ du xii s.

12143-12146 Compilation de D. Jean des Champs sur les œuvres de
S. Jean Chrys. xvii s.

12147 Rufin, sur les psaumes. xii s.

12148 Rufin, sur Osée, Joel et Amos. x s.

12149 S. Jérôme, sur la Genèse et autres traités. xii s.

12150 S. Jérôme, sur les Psaumes. x s. Cf. 11999.

12151 S. Jérôme, sur les Psaumes. x s.

12152 S. Jérôme, sur les Psaumes. x s.

12153 I. S. Jérôme, sur Jérémie. ix s.

    II. S. Jérôme, sur Isaïe. xi s. Peint.

12154 Exposition de S. Jérôme sur Isaïe, abrégée par l'abbé
    Joseph, disciple d'Alcuin. ix s.

12155 S. Jérôme, sur Ézéchiel. ix s. Écrit. lomb. Peint.

12156 S. Jérôme, sur Daniel. ix s.

12157 S. Jérôme, sur Jonas, Naum, Sophonias et Aggée. —
    Sermo de S. Mariæ conceptione (97). — Tractatus
    S. Hieronimi [al. Philippi] super Job (97 v°). — ix s.

12158 S. Jérôme, sur les petits prophètes et sur Daniel. xii s.

12159 S. Jérôme, sur Sophonias, Aggée et Zacharie. xii s. —
    Fac-simile gravé du martyrologe contenu dans le
    ms. lat. 10837.

12160 S. Hierom. de hebraicis questionibus; de hebraicis
    nominibus (24); de locorum nominibus (49). — Au-
    gustini retractationes (72). — Hieron., de illustribus
    viris (104); de xii lectoribus (118). — Gennadius, de
    ill. viris (119). — Ysidorus, de ill. viris (130). — Cas-
    siodorus, de institutione divinarum scripturarum
    (134 v°). — Catalogus librorum Bedæ (158). — xii s.

12161 Traités de S. Jérôme et de Gennadius sur les hommes
    illustres. vii s. Écrit. mérov. Palimpseste.

12162 Ieronimi contra accusatorem defensio, etc.; dialogus
    adversus Pelagianos (30); liber hebraicarum questio-.
    num in Genesi (53). — Rufini apologia (16 v°). — xi s.

12163 Lettres et opuscules de S. Jérôme, S. Augustin, etc.
    ix s.

12164 Lettres et opuscules de S. Jérôme. xii s.

12165 Lettres et opuscules de S. Jérôme. xiii s.

12166 Lettres de S. Jérôme. xiii s.

12167 Lettres et opuscules de S. Jérôme. xv s.

12168 Augustini quæstiones in eptaticum. ix s. Écrit. lombar-
    dique. Peint.

12169 Aug. super Genesim. — Liber Hugonis de instructione

noviciorum (97 v°). — De divina scriptura (109). — Ex statutis Cisterc. ordinis (115 et 124). —Miracula S. Mariæ (115). — xii s.

12170 Aug. de Genesi ad litteram. xii et xiii s.

12171-12183 Aug. in psalmos. ix s.

12184 I. Aug. in psalmos 34-50. xi s.

    II. Comment. hebr. rabbi David Kimhi in x primos psalmos. Imprimé en 1544.

    III. Libellus de jurisdictione ecclesiastica, factus per Pet. Bertrandi. — Epistola Luciferi ad filios superbiæ. — xv s.

12185-12187 Aug. in psalmos 43-134. xii s. Peint.

12188 Aug. in psalmos 59-79. xii s.

12189 Aug. in psalmos 119-133 ; — de disciplina christiana (110 v°). — x s.

12190 Aug. de concordia evang. viii s. Écrit. demi-onciale.

12191 Aug. de concordia evang.;—Confessiones.—x s.

12192 Aug. de consensu evang. — Greg. moralia in Job (16). — xii s. Peint.

12193 Aug. quæstiones in Matthæum, in Lucam (10), et in evangelia (34 v°); — epistolæ variaque opuscula (48 v°); —Confessiones (183). — Vita b. Gennulfi (166 v°). — ix s.

12194-12195 Aug. sermones in Johannem. x s. — Au cᵗ et à la fin du nᵒ 12194, actes de Hugues, abbé de S. Germain.

12196 Aug. sermones 54 in Johannem. xii s.

12197 Aug. sermones 1-36 in Joh. Cᵗ du xii s. Peint.

12198 Aug. homeliæ in epist. b. Joh. ix s.

12199 Aug. sermones de verbis Domini et de quibusdam sententiis Pauli, etc. xii s. Peint.

12200 Aug. sermones de verbis Domini, etc. Cᵗ du xiii s. Peint.

12201 Aug. liber de sermone Domini in monte ; — de agone (49 v°); — de prædestinatione (59 v°); — epist. ad Sixtum (96 v°); — epist. de incarnatione (106). — Regula S. Augustini (111 v°). — Vita b. Gaudentii (115). — xii s.

12202 Aug. homiliæ. x s.

12203 Aug. homiliæ in die sancto Paschæ. — Paschasii diaconi liber de Spiritu sancto (38). — x s. — A la fin, épitaphe du comte Frédéric, moine à S. Vanne.

12204 Aug. de Trinitate. xii s. Peint.

12205 Epistola Valentini ad B. Aug. — Augustini liber ad
eumdem (6);—liber de correptione et gratia (28) ;—
sermo de Adam (46 v°). — Instituta Nili de octo vitiis generalibus (52). — Regula sanctorum patrum
Serapionis, etc. (60). — Catalogus episcoporum Romanæ ecclesiæ usque ad Johannem VI.—C^t du viii s.
Écrit. semi-onciale.

12206 Aug. liber de prædestinatione, et alia. xii s.

12207 Aug. de natura et origine animæ liber, et alia. ix s. —
Pour gardes, fragments d'un auteur ecclésiastique en
lettres semi-onciales.

12208 Aug. de natura et origine animæ, et alia. xi s.

12209 Aug. de vera religione, et alia. xii s.

12210 Aug. de pastoribus, et alia. x s.

12211 Aug. de pastoribus, et alia. C^t du xii s.

12212 Aug. de nupciis et concupiscencia;—contra Julianum
(18 v°) ; — epistolæ (49). — ix s.

12213 Aug. de baptismo parvulorum, et alia. x s.

12214 Aug. libri 1-9 de civitate Dei. vii s. Écrit. demi-onciale.

12215 Aug. libri 16-22 de civit. Dei. ix s.

12216 Aug. libri 1-22 de civit. Dei. xv s. Peint.

12217 Aug. solutiones diversarum quæstionum ab hæreticis
objectarum ; — Liber contra Adimantum (54 v°); —
breviarium contra Arrianos (112). — ix s. Écrit.
lombardique.

12218 Aug. adversus quinque hæreses. xi s.

12219 Aug. adversus quinque hæreses. Vers 1030.—A la fin,
chants en l'honneur de S. Vincent, notés en neumes.

12220 Aug. adversus quæstiones Adimanti, etc. x s.

12221 Aug. contra Cresconium. ix ou x s.

12222 Aug. contra Faustum. xii s. Peint.

12223 Aug. responsiones contra Pelagianos et Celestinos; —
de prædestinatione (28 v°) ; — de psalmo xxii (33);
— ad Xystum (35 v°);—ad Hilarium (44 v°);—quæstiones de Veteri et Novo Testam.(49). — Concilium
Carthag. ad Innocentium (45). —Innocentii rescrip-
tum (46 v°). — Altercatio inter orthodoxum et Luci-
ferianum, edita a b. Iheronimo (110). — xii s.

12224 Aug. confessiones. ix s.

12225 Aug. retractationes, et alia. xii s.—A la fin, office de
S. Grégoire, noté en neumes.

12226 Aug. epistolæ. ix s.

12227 Augustini, Eusebii et Cyrilli epistolæ de S. Ieronimo.
xv s. Peint.

12228 Extraits de S. Augustin par Eugippius. xii s. Peint.

12229 Extraits de S. Augustin, S. Ambroise, S. Jérôme,
Cassien et S. Basile. — Traité de S. Anselme sur la
béatitude éternelle, précédé d'une lettre d'Eadmer
(90).—C^t du xii s. Peint.—Lettres sur l'abstinence
adressées aux moines de Préaux (32). xv s.

12230 Extraits de S. Augustin, S. Jérôme et S. Bernard. xii s.

12231 Extraits de S. Augustin, précédés d'une lettre d'un religieux tolérant à un religieux intolérant. xviii s.

12232 Collations de Cassien. xv s. Peint.

12233 Fausti, ep. Regiensis, de Spiritu sancto libri duo. —
Theodulfi, Aurel. ep., de baptismo (36). — Nicetæ
tractatus de vigiliis servorum Dei et de bono psal-
modiæ (56). — xvii s.

12234 Traités de S. Fulgence. ix s.

12235 S. Fulgence, de remissione peccatorum. — Thiconii
regula (44).— x s.—Notes de comput (42 v°).—Judicium ad aqua facienda (84).

12236 Traités de S. Eucher. — Différences (81 v°) et Chronique (110 v°) d'Isidore. —ix s. Les f. 86 à 103 en
onciale.

12237 Traités de S. Eucher.—Différences (66 v°) et Chronique (94 v°) d'Isidore.—ix s.

12238 Homélies de S. Césaire. —Institutio monachorum di-
gesta a S. Basilio (37). —Extraits des œuvres de
S. Jérôme (93).—Le f. 128 est un fragment théo-
logique, en demi-onciale, du viii s. — Le f. 129, un
morceau de la table du Code et des Novelles de
Théodose, en onciale mêlée de minuscule, du vii s.

12239-12241 Exposition de Cassiodore sur les psaumes. viii s.

12242-12246 Morales de S. Grégoire sur Job. ix s. — Au c^t du
n. 12243, fragment en demi-onciale. — Au c^t du
n. 12244, fragment de Térence, ix s. — Au c^t et à
fin du n. 12245, fragments d'un calendrier du xi s.

— Au c' du n. 12246, fragment des Métam. d'Ovide, du x s.; à la fin, sermon de Fulbert, xii s.

12247 Morales de S. Grég., liv. 17 à 22. ix s. — Sur les gardes, fragment d'anciennes litanies d'Amiens.

12248 Morales de S. Grég., liv. 28 à 35. x s.

12249 S. Grég. sur le Cantique des Cantiques. — Concile de Latran en 1215. — xiii s.

12250 S. Grég. sur Ézéchiel. x s.

12251 S. Grég. sur Ézéchiel. x s. — Passio S. Bonefacii m. (184 v°). xii s.

12252 S. Grég. sur Ézéchiel. x s.

12253 S. Grég. sur Ézéchiel. xi s.

12254 Homélies de S. Grég. sur les Évangiles. viii s.

12255 Homélies de S. Grég. — [Joh. Scoti dialogus de naturis] (192). — ix s. Notes tironiennes.

12256 I. Dialogues de S. Grégoire. ix s.
II. Pastoral de S. Grég. (405). — Dialogues de S. Grég. (702). — Opuscules de S. Augustin, S. Jérôme, S. Clément, S. Basile, etc. — xii s.

12257 Dialogues de S. Grég. — Miracula b. Leonis noni papæ. — xi s.

12258 Dialogues et pastoral (73 v°) de S. Grég. — Smaragdi Diadema monachorum (132 v°). — xii s. — A la fin, note de cens dus à l'abb. de S. Germain.

12259 Dialogues de S. Grég. — Vie de S. Martin par Sulpice Sévère (98). — Inscriptions et morceaux divers relatifs à S. Martin (150). — Traités de S. Augustin (155 v°). — Alcuini sententiæ ad Vuidonem comitem (193). — Vitæ SS. Pachomii (216), Paulæ (251) et Katharinæ (267). — xii s.

12260 Pastoral de S. Grég., précédé d'un martyrologe auxerrois. ix s.

12261 I. Pastoral de S. Grégoire. ix s.
II. Traités de Hug. de S. Victor. xii s.

12262 Pastoral de S. Grég. — S. Jérôme, sur l'Ecclésiaste (72 v°). — Yves de Chartres, sur les ordres (116 v°). — Lettres du même (117 v°). — S. Grég., sur le Cantique (120). — Lettres de Leidradus (136). — Les f. 1 à 71 et 136 à 148, du ix s.; les f. 72 à 110, du xi s.; les . 111 à 135, du xii s.

12263 Pastoral de S. Grégoire. xi s.

12264 Liber sententiarum b. Gregorii [auct. Taione].—Leon.
     Aretini liber de militia (129 v°). — Liber de sectis
     hereticorum (158), de xxii conciliis cum suis expo-
     sicionibus, etc. (172 v°), et de confessionibus sancto-
     rum Romanorum pontificum, etc. (235 v°). — 1459.

12265 Taionis collectio sententiarum ex operibus Gregorii
     Magni. xvii s.

12266 Concordia testimoniorum S. Gregorii. xvii s.

12267 Isidore, sur l'Ancien Testament.—Lanfranc, sur S. Paul
     (47). — xii s.

12268 Liber S. Isidori de summo bono. — Libellus S. Aug.
     de doctrina christiana (53 v°). — Liber ejusdem de
     quatuor virtutibus karitatis (78 v°). — [Alcuinus, in
     · Ecclesiastem] (83 v°). — Pauca ex libris Marci Aure-
     lii [Victoris] excerpta de imperatoribus Romanis
     (100 v°). — xii s. Peint.

12269 Pronostica Juliani Toletani. ix s.

· 12270 Fragment d'un pénitenciel.—Juliani Tol. liber pronost.
     (3 v°).—Lettre miraculeuse sur la sanctification du
     dimanche (31 v°). — Liber S. Cypriani de xii abu-
     sionibus seculi (33). — Liber S. Aug. ad Julianum
     (37 v°). — Liber ejusdem de disciplina christiana
     (45 v°).—Tractatus ad viduam de vita christiana (56).
     — Ysidori sententie (64). — Tractatus S. Aug. ad
     penitentes (112). — xii s. Peint.

12271 Bède, sur la Genèse. ix s.

12272 Bède, sur Samuel.—Noms de lieux d'après S. Jérôme
     et Josèphe (109 v°). — Lettre du pape Jean pour
     Corbie (115). — x s. — Fragments d'un graduel du
     xii s. dans les gardes.

12273 Bède, sur les titres des psaumes. ix s. — Au ct et à la
     fin, leçons sur la Toussaint.

12274 Bède, sur le Temple; questions sur le livre des Rois
     (67); sur le Cantique d'Abacuc (87). x s.

12275 Bède, sur les Paraboles. ix s.

12276 Bède, sur le Cantique. ix s.

12277 Bède, sur le Cantique. — De locis sanctis quos pe-
     rambulavit b. Antoninus martir (44). — Libellus
     Bedæ de locis sanctis (52). — Sermo S. Athanasii de

miraculis quæ fecit imago Domini nostri J.-C.(58 v°).
—Scripta b. Ambrosii de lapsu Susannæ; sermo cujusdam philosophi de vitæ ordine morumque instructione (66 v°).—De septem miraculis hujus mundi
(81). — Vers sur la règle de S. Benoît (86). — Doctrina mandatorum duodecim S. Athanasii (87). —
[Vitæ patrum] (92 v°). — Vers de Téulfe (172). —
XII s.

12278 Bède, sur Esdras. IX s.—Dialogue de S. Basile (37). XI s.
— Extraits de S. Grégoire (15). XII s. — Fragments
de S. Clément (57). XII s.

12279 Courte explication de l'Évangile de S. Jean. — Fragments de S. Grégoire (9). — Bède, sur S. Marc (11).
— Sedulii opus paschale (47).—Alcuin, sur l'Évang.
de S. Jean (59). — Bède, sur Tobie (120 v°).—Bède,
sur les six âges du siècle, etc. (124). — Théodulfe,
sur le baptême (127). — Extraits des Pères sur la
messe (131 v°). — IX s.

12280 Bède, sur S. Marc. X s.

12281 Bède, sur S. Luc. IX s. Les f. 1-94 en écrit. lomb.

12282 Bède, sur S. Luc. IX s., sauf qq. feuillets remplacés au
XII s.

12283 Bède, sur les Actes des Apôtres, IX s.

12284 Bède, sur les Actes et l'Apocalypse (82). — Poëme
d'Arator (56). — IX s.

12285 Bède, sur les épîtres canoniques. IX s. — En tête, sermon de S. Aug. sur les Proverbes de Salomon; à la
fin, fragment de Cassien (103). XI s.

12286 Traités divers de S. Jean Damascène, de S. Augustin,
et de S. Anselme. XIII s.

12287-12288 Ambroise Autpert, sur l'Apocalypse. X s.

12289-12290 Claude de Turin, sur les ép. de S. Paul. IX s.

12291 Institution de Jonas, év. d'Orléans. XII s.

12292 Florus, sur la prédestination (3). — Lettres d'Alcuin à
Charlemagne (80 v°). — Fragments de Loup de Ferrières (82). — Cassien, institutions des moines (86).
— IX s.—En tête, gloses en écrit. saxonne; de proba-
tione auri et argenti; — de mensura ceræ et me-
talli in operibus fusilibus (1); — Confessio Godes-
calchi (2).

12293 Liber Dodanæ manualis. — Sozomeni, presb. Pistor., præfatio (91). — Præfatio libri Johannis Bolkenkayn de ecclesiæ libertate (91 v°). — Instructions du comte d'Ognatte (92 v°). — Sermones Petri Pictav. (99). — S. Greg., Nysseni ep., ad Harmonium (108). — Dionysii Carthus. commentarii in libros S. Dion. Areopagitæ (222). — XVII s.

12294 Paschase Ratbert, sur Jérémie. X s.

12295 Même ouvrage. — Epistole Senece ad Paulum et Pauli ad Senecam (151). — Liber Senece de verborum copia (153). — Collatio inter Alexandrum et Dindimum (161 v°). — XII s.

12296 Paschase Ratbert sur S. Matthieu, liv. 1-4. IX s. — A la fin, lettre de A., archevêque de Hambourg, à l'abbé de Corbie.

12297 Paschase Ratbert, sur S. Matthieu, liv. 5-8. XII s. — En tête, fragment d'un rouleau mortuaire.

12298 Paschase Ratbert, sur S. Matthieu, liv. 9-12, et sur le psaume 44. XII s. Peint.

12299 Paschase Ratbert, sur le corps et le sang de J.-C. — XII s. Peint.

12300 Matériaux pour une édition de Paschase Ratbert. XVII s.

12301 Extraits de Paschase Ratbert et d'autres auteurs sur l'Eucharistie. — Travail de Mabillon sur Bérenger. — XVII s.

12302 Haimon, sur Ézéchiel. XI s. Peint.

12303 Haimon, sur les Épîtres de S. Paul. X s.

12304 Haimon, sur les Epîtres. — Traité du même sur l'Eucharistie (47). — XII s.

12305 Haimon, sur les Évangiles. X s.

12306 Haimon, sur les Évangiles. XI s.

12307 Expositio Rabani Mauri super quinque libros Moysi. XII s.

12308 Opusculum Rabani contra eos qui repugnant institutis beati Benedicti. XVII s.

12309 Exposition de Jean diacre sur la Genèse, etc. XI s.

12310 Humberti cardinalis contra simoniacos libri tres. XVII s.

12311 Divers opuscules de S. Anselme et de Gilbert Crespin. XII s. — Y est joint un fragment d'un bréviaire de Carcassonne, contenant une homélie de S. Anselme.

12312 Opuscules de S. Anselme, S. Grég., S. Bernard, S. Isidore, S. Augustin et S. Thomas d'Aquin. — Distinctiones Roberti, Linc. ep. (211). — Summa Johannis Béleth (230). — Speculum ecclesie (287 v°). — Summa penitencialis secundum magistrum Alanum (304). — XIV s.

12313 Oraisons et méditations, dont beaucoup sont attribuées à S. Anselme; quelques-unes en vers. — Tractatus Odonis, Camer. ep., super canonem misse (44). — XII s.

12314 S. Anselme, cur Deus homo. — Méditations tirées de S. Aug., S. Ans. et S. Bernard (49). — Messe du nom de Jésus (69). — Ars moriendi (74). — XV s. Peint.

12315 Liber Lucidarii. — Sermones b. Eligii (25 v°). — Lettre miraculeuse sur la sanctification du dimanche (37 v°). — Fulberti sententia de fide servanda (40 v°). — Liber penitentialis (44). — Teodulfi liber de ordine baptismi (68). — Halitgarii penitentiale (75). — XII s.

12316 Algeri liber de corpore et sanguine Domini. — Guimundi liber de eodem (43). — Extr. d'Yves de Chartres et de Hug. de S. Victor (70). — Exposition de l'oraison dominicale (75). — Fragment d'une lettre de Gu. de Mauri[tania] (98). — XII s.

12317-12318 Matériaux pour une édition d'Yves de Chartres. XVIII s.

12319 Liber de claustro anime. — Règle de S. Benoît (93 v°). — XIII. s.

12320 S. Bernard, sur le Cantique. XIII s.

12321 Sermons de S. Bernard. — Liber de medicina anime (193 v°). — Libellus ad socium volentem nubere (205 v°). — De naturis avium ad Rainerum conversum, cognomine Corde benignum (245 v°). — XIII s.

12322 [S. Bernardi liber de consideratione]. — [Hug. de S. Victore Speculum monastice discipline] (17 v°). — Lettre de Sénèque à S. Paul (26). — Épitres de S. Paul glosées (28). — XII s. — A la fin, deux feuillets d'un Térence orné de dessins. XI s.

12323 Matériaux pour une édition de S. Bernard. XVII°.

12324 Liber secundus magistri Hugonis de sacramentis. — Traité sur l'Eucharistie (117 v°). — Lettre de Hugues, év. de Langres (122). — XII s. Peint.

12325 Traités de Rich. de S. Victor. — Lettres de Sénèque à S. Paul et à Lucilius. — XII s.

12326 Opuscules d'Arnaud, abbé de Bonneval, et de Guigues, prieur de la Chartreuse. XVII s.

12327 Opuscules d'Arnoul de Lisieux. — Libellus Hug. de Folieto ad amicum volentem nubere (10 v°). — Epistola Severi de laude et miraculis S. Stephani (19). — De libero arbitrio (35). — XVII s.

12328 Sentences de Pierre Lombard. XIII s.

12329 Sentences de Pierre Lombard. XIII s.

12330 Durand de S. Pourçain, sur les Sentences. XIV s.

12331 Commentaire sur les Sentences. XIV s. — Au commencement, fragment des actes du chapitre général de l'ordre des Dominicains célébré à Bologne en 1347.

12332 Questions de Scot sur les Sentences. XIV s.

12333 Libri 4-6 summæ Astexani. 1474. Pap.

12334 Cours de théologie par Maldonat. — Physique par Desmerliers. — XVI s.

12335 Hugonis Mathoudi observationes in octo libros sententiarum Roberti Pulli. XVII s.

12336 N. Jamin apparatus ad res theologicas. XVIII s.

12337-12354 Cahiers de théologie du XVII et du XVIII s.

12355-12357 Traités modernes sur la Trinité.

12358 Traités sur la Trinité et l'Incarnation. XVII s.

12359 Traité sur l'Incarn. par A. du Val. 1621.

12360-12361 Traités sur l'Incarnation. XVIII s.

12362-12370 Traités de Marcellin Ferey sur J.-C., la Sainte Vierge et les Anges. XVII s.

12371 Millélogium Jesu Christi. — Scalæ quatuor B. Mariæ. — Angelica hierarchia. — XVII s.

12372-12375 Traités de Romain de la Place sur J.-C., la Ste Vierge et S. Joseph. XVII s.

12376 Disputationes facte in concilio Basiliensi de conceptione B. Marie. — Augustinus contra Manicheos. — Alcuinus de Trinitate. — XV s. Parch. et pap.

12377-12380 Traités modernes sur la grâce.

12381 Traité sur le libre arbitre. XVIII s.

12382 Prothesium criticarum de naturali voluntatis libertate enneades septem, studio Jc. Mariæ abbatis Lancii. XVIII s.

12383 Decani Lovaniensis scriptum ad Sotum de libero arbitrio, etc. — Controverses théologiques. — XVII s.

12384 [De justificatione.] — Florus contra Johannem [Sco-
tum], ex cod. Reginæ. — XVII s.

12385 Traité du P. Chastelier sur les sacrements. 1586.

12386 Traités sur les sacrements. XVIII s.

12387 Summa mag. Odonis de Cicestre de penitencia. —
— Summa mag. Alani de arte predicandi (14). —
Innocentii III liber de miseria humane conditionis
(37).— Summa moralium philosophorum (45 v°).—
Formula vite honeste, auct. Martino (54).— Tracta-
tus fratris Raymundi de VII vitiis capitalibus (55 v°).
— [Moralitates Richardi seu Hug. de S. Victore]
(59).—[Prepositini summa] (81). — XIII s.

12388-12389 Traités modernes sur la pénitence. XVII s.

12390 Dominici, episcopi Brixiensis, tractatus de sanguine
Christi.—Questio de relacionibus et necessitate fun-
damenti earum magistri Dominici, ep. Torcellani,
contra mag. Guill. Varallon britonem dictum Aqui-
lam, a. 1462 (31).—De contencione divini sanguinis
inter Minores et Predicatores coram Pio II habita
(42).—Bartholomei Lapaccii de divinitate sanguinis
Christi (59). — Tractatus Jacobi de Brixia, Gabrielis
de Barchinona et Vercellini de Vercellis, de causa
benedicti sanguinis (72). — Francisci, cardinalis
S. Petri ad vincula, tractatus contra quosdam nul-
lam proposicionum de futuris contingentibus fore
veram tenentes (79).—Questio quodlibetica dispu-
tata anno LXV (82). — [Nonnulla de herese Johannis
Wyklef] (85). — Petri de Rivo conclusiones (87). —
[Nonnulla ad doctrinam ejusdem Petri spectantia]
(88). — XV s. Pap.

12391 Johannis Gezonis liber de corporis et sanguinis Domini
sacramento. XVII s.

12392 Traité sur l'Ordre. 1729.

12393 Traité sur l'Ordre et le mariage. XVII s.

12394 Traité sur l'Église. XVII s.

12395 Dissertatio historica de usu authoritatis ecclesiasticæ
in sancienda seu explicanda ecclesiæ doctrina legibus ferendis, judiciis exercendis. XVIII s.

12396 De judiciis ecclesiasticis. xviii s.

12397 Guidonis de Monte Rocheri manipulus curatorum. xv s.

12398 Dissertatio de pseudo-Hippolyti, Hippolyti et Ephræm
Syri de antichristo, secundo Christi adventu et fine
mundi editis orationibus, etc. xviii s.

12399 Summa de virtutibus. xiii s. — A la fin, est le nom de
mag. Rob. de Flamesbuc, canonicus S. Victoris Paris. et penitenciarius.

12400 Summa de casibus abbreviata. — Tractatus de confessione (6). — Summa de virtutibus abbreviata (6 v°). —
[Summa de vitiis] (63). — Expositiones vocabulorum
biblie composite a fr. Guill. Britone (114 v°). — Commencement du Dictionnaire de Papias (230). — xiii s.

12401 Tractatus moralis in septem viciis capitalibus. xiii s.

12402 [Alphabetum exemplorum.] — Sermo b. Augustini (97).
— Liber scintillarum Bede (104). — [Guill. Pictavensis, vel Guill. Lugdunensis,] tractatus de professione
monachorum (131). — Extraits de Sénèque (155 v°).
— xiv s.

12403 Traité sur les commandements de Dieu. xviii s.

12404 Homélies. x s. — Vie et translation de S. Malo (239). xi s.

12405 Homélies. x s.

12406 Homélies. xii s.

12407 Homélies. xii s.

12408 Homélies. xii s.

12409 Homélies. xii s.

12410 Homélies. — Martyrologe abrégé (4). — Sermons de
Pierre le Vénérable (17). — Sermo domni [Ambro-
sii] Auberti abbatis (44 v°). — xii s.

Constitutions de Benoît XII pour les Bénédictins (52).
xiv s.

Tableaux de comput (87). — Fragment de Martianus
Capella (93). — xi s.

Homélies sur la Sainte Vierge par S. Odilon, S. Bernard, S. Anselme, etc. (104). xiii s.

12411-12412 Sermons attribués à un moine de Marmoutier. xii s.

12413 Sermones mag. Christiani, abbatis S. Petri Carnot. —
Flores Scripturarum (135). — Tractatus Abbaudi abbatis de fractione corporis Christi (236 v°). — [Varii
sermones]. — xiii s.

12414 [Sermones].—Vita S. Leodegarii (183).—Vita S. Chris-
tinæ (192 v°). — xiii s.
12415 Sermons de Pierre le Mangeur. Vers 1200.
12416 Sermones [Philippi], cancellarii Paris. xiii s.
12417 Sermons. xiii s.
12418 Sermons. xiii s.
12419 Sermons. xiii s.
12420 Sermons. xiii s.
12421 Sermons latins dans lesquels sont mêlées des phrases
françaises. xiii s.
12422 Summa fr. Guillelmi de Lugduno super Evangelia.—
[Sermones de sanctis] (117). — Vers 1280.
12423 [Sermones per annum]. Vers 1280.
12424 [Sermones per annum]. — Distinctiones fratris Nicholai de Byart. — Vers 1280.
12425 Themata fratris Nicholai de Gorham. — Distinctiones
ejusdem secundum ordinem alphabeti edite.—xiii s.
12426 Summa de festis quam fecit Evrardus, de ordine Vallis scol. — Fin du xiii s.
12427 Somme de Jean d'Abbeville. xiii s.
12428 Sermones fr. Guidonis [Ebroic.]. xiv s.
12429 Exposition des évangiles des dimanches et vies abrégées de quelques saints; on a intitulé ce recueil:
Somniatoris monachi S. Germani a Pratis postilla.
Commencement du xvi s.
12430 Summa collectionum Joh. Gallensis.—1464.
12431 Claudii Celestini tractatulus de ultimo fine hominis.—
Excerpta de questionibus Buridani super Ethica per
fr. Claudium Cel. (6). —Memoriale regiminis hominis secundum philosophiam moralem (37). — B.
Bernardi epistola de cura rei familiaris (82 v°).—
Speculum considerationis, auct. Petro de Ailliaco
(85). — Egidii Romani liber de regimine principum
(111).—xv s. Pap.
12432 Liber Peccatorum consolatio al. Belial nuncupatus,
auct. Jacobo de Theramo. 1406. Pap.
12433 Même ouvrage. xv s. Peint.
12434-12437 Documents sur l'Imitation de J.-C. xvii s.
12438 Summa Richardi, archiep. Armachani, de erroribus
Armenorum. xv s. Parch. et pap.

4.

12439 Ouvrages de D. Philibert Jamet ; le premier est l'apologie de Baius. xvii s.

12440 Albertani liber de doctrina dicendi et tacendi.—H. de S. Victore de quinque septenis (10). —Liber B. Augustini de anima et spiritu (14). — Flores B. Isidori (38 v°). — [Dialogus inter Piladem et Horestem, in curiam Romanam] (43). — [P. epistola ad G. de Alneto] (46). — Tabula super Henrico Boyc, quam reformavit Nicolaus Favillon, finita per fratrem Jo. de Cle°°, monachum S. Vedasti Attreb. (51). — 1460.

12441 [Anselmi le Michel collectanea spiritualia]. xvii s.

12442 [Claudii Estiennot collectanea theologica]. xvii s.

12443 Mélanges de théologie. — Extrait du ms. 353 du Mont Cassin relatif aux jeûnes. — Erreurs prêchées à Dieppe en 1677. — xvii s.

12444 Collections canoniques commençant par une sorte de dialogue. ix s. Peint.

12445 Collections canoniques. — Notice des cités de la Gaule (1 v°). — Glossaire canonique, renfermant des mots germaniques (12 v°). — Collection de Denys le Petit (17 v°). — Pénitentiel de Théodore (153). — Canons de Martin de Brague (156 v°). — Canons remis par Adrien Ier à Angilramnus, év. de Metz (163), suivis d'une adhésion de Hincmar (166 v°). — Extraits du Code théodosien (187 v°). — ix ou x s.

12446 Collection canonique, commençant : « Incipit breviarium ad inquirendum sententias in serie canonum apostolorum. » x s.

12447 Canons de Denys le Petit. A la fin, gloses renfermant des mots germaniques. x s.

12448 Canons de Denys le Petit. — Lex Romana canonice compta (79). — Collections canoniques. — Pastoral de S. Grég. (139). — x s.

12449 Décret de Burchard. xii s.

12450-12451 Canons d'Anselme de Lucques. xvii s.

12452 Troisième et quatrième compilation des Décrétales, avec la glose de Tancrède. xiii s.

12453 Summa super titulis decretalium a mag. Goffrido. xiii s.

12454 P. Tomassini paratitla in libros v decretalium. xvii s.

12455 Même ouvrage. xvii s.

12456 Liber sextus decretalium. xiv s.

12457 Lettres de Clément IV. xiv s.

12458 Lettres de Clément IV. xvii s.

12459 [Canones collecti a H. Paptinensium preposito]. xiii s.

12460 Inventarium Speculi judicialis editum a Berenguario.
xiv s.

12461 Traités de droit canon, précédés du calendrier de
l'université de Paris. On y remarque des opuscules de
G. de Vesansaio (49), Joh. Filioli (51 v°), Evrardus
de Tremangonio (64, 100), Steph. de Contyaco (87,
110), et Thomas Haudry (96 v°). — Sermons (121).
— xiv s. Pap. ; les f. 1-12 en parch.

12462 Collection de canons par Nic. Langelier. xvi s.

12463 Extr. des canons par Galland. xvii s.

12464-12466 Juris canonici synopsis. xvii s.

12467 Tractatus de ecclesiastico interdicto, auct. Joh. Car-
derini. — Tractatus de absolutione ad cautelam,
auct. Berengario (15). — Tractatus de bello, auct.
Joh. de Ligniano (19). — Tractatus de censura ecclesiastica, auct. eodem (59). — Questiones de utra-
que potestate (119). — Tractatus de potestate regia
et papali, auct. Joh. de Parisius (131). — Tractatus
de pape et prelatorum ecclesie potestate, auct. Guill.
Petri, cardin. ep. Sabinensi (159). — xiv s.

12468 Traité sur les biens ecclésiastiques. xvi s.

12469 Traité sur la discipline de l'Église. xvii s.

12470 Traité sur le droit de patronage. xvii s.

12471 De sponsalibus et matrimoniis.—Summa Joh. Andree
super quarto libro decretalium (1 09 v°).—Ejusdem
lectura super arbore consanguinitatis (113 v°). —
xv s. Pap.

12472 Mélanges de droit canon. — Statuts de Maurice, év.
du Mans (65). — Bernardi de Rosergio consultatio-
nes (111). — xvii s.

12473 Compilation de droit canon. xvii s.

12474 Questions de droit canon. xvii s.

12475 Cinq feuillets de papyrus, très-endommagés, paraissant contenir des rescrits impériaux. v ou vi s.

12476 Livres 1-24 du Digeste. xiii s.

12477 Gorrei annotationes in librum xii Pandectarum. xvi s.

12478 Leçons de droit romain par G. Fournier, Godefroy, etc.
XVI s.

12479 Traité de droit romain présenté au chancelier Séguier
par Vaultier. XVII s.

12480 Notes sur le droit romain par Olivier Caillard, suivies
de notes diverses, copies de lettres, etc. XVII s.

12481 Notes sur le droit romain. XVII s.

12482 Traité de droit romain. XVII s.

12483 Abrégé du Code; consultations et mélanges de droit.
XVII s.

12484 Collecte super constitutionibus feudorum. XV s. Pap.

12485 Recueil d'arrêts. XVI s.

12486 Dictionnaire de droit. XVII s.

12487 Notes de Galland sur le droit. XVII s.

12488-12489 Notes sur le droit par Dartis. XVII s.

12490-12491 Cahiers de droit. XVII s.

12492 Petri Salati tractatus de crimine læsæ majestatis.
XVI s.

12493 Description des cités épiscopales de la chrétienté.
XVII s.

12494 Epitome de Justin. XV s. Peint.

12495 Orose. Commencement du XI s. Peint.

12496 Orose. XIV s.

12497 Vitæ imperatorum, ab Anastasio, descriptæ ex cod.
Casin. XVII s.

12498 Cronica a mundi exordio usque ad a. 1272, edita a fratre Joh. Frasquet. XV s. Pap.

12499 Speculum vel ymago mundi, ed. a fratre Vincentio. XIV s.

12500 Speculum vel ymago mundi, speculum gestorum mundi.
— Li chastiaus perilleus compilés d'un moinne de
Chartrous (95). — L'espitre des sages et des foles
vierges par frère Jehan de Tornus (182 v°). — XIV s.

12501 Opuscules historiques de Bernard Gui. XIV s.

12502 [Rad. de Hygden] historia policronica. XV s. Pap.

12503 Mathei Palmerii liber de temporibus. XV s. Pap.

12504 Exemplaire annoté du Dictionn. historique de Ch. Es-
tienne. XVII s.

12505 Hist. de Troie par Gui de Colonne. XV s. Pap.

12506 Même ouvrage. 1474.

12507 Extraits de Pausanias. XVII s.

12508 Traduction d'Appien par Petrus Candidus. xv s. Pap.
et parch.
12509 Recueil d'antiquités romaines par J.-J. Boissard. xvi s.
12510 De ponderibus et mensuris veterum, disquisitio Joannis Temporarii. xvi s.
12511 Antiquités de Josèphe. xii s.
12512 Egesippi historia. ix s.
12513 Egesippi historia. x s.
12514-12516 Travaux du P. Rovier sur les lois sacrées des Juifs, etc.
xvii s.
12517 Hist. scolastique de P. le Mangeur. xiii s.
12518 Même ouvrage. xiii s.
12519 I. Fin du même ouvrage. xiii s.
II. (41). Collection de canons attribuée à Anselme de
Lucques. xii s.
12520-12524 Vie de J.-C. par Landulfe. xv s. Pap. et parch.
12525 Cassiodore, Histoire tripartite. xii s.
12526 Eusèbe, Hist. ecclés., l. 1-5. xi s.
12527 Eusèbe, Hist. ecclés., l. 6-11. x s. Écrit. lomb.
12528 Eusèbe, Hist. ecclés.—Somme de Hugues de S. Victor
et fragments théologiques. — xii s.
12529 Eusèbe, Hist. ecclés. — Homélies de S. Augustin. —
Comm‘ du xiii s.
12530 Variantes pour une édition de Victor de Vite. xvii s.
12531 Travail de D. Toustain sur les Pauliciens. xviii s.
12532 Zanghini tractatus super materia hereticorum. —De
modo, arte et ingenio inquirendi et examinandi he-
reticos (34).—De vita et malicia Machometi (69).—
Articuli cujusdam Lollardi laici Insulis combusti
(74).—Tractatus Jeronimi de Praga contra quatuor
articulos perversorum Bohemorum hereticorum editus a. 1433 (75). — Articuli Johannis Wikleff (88).
—Articuli Johannis Huss (90).—Opuscules relatifs
aux affaires des Bohémiens agitées dans le concile
de Bâle (93). —Responsio Pii II oratoribus Francie
in consilio Mantuano, a. 1473 (160). — Campani
oratio funebris habita Senis in exequiis Pii II (175).
— Epistola Pii II ad Karolum VII (183). — Oratio
Bissarionis. habita Mantue (187). — xv s. Pap. et
parch.

12533 Pièces sur l'hist. et le droit ecclésiastique. C^t du xvi s.

12534-12535 Pièces diverses, se rapportant la plupart à l'hist. ecclésiastique du xvii siècle. Beaucoup sont relatives aux
Pays-Bas. xvii s.

12536 De regulis servandis in concedendis facultatibus mis-
sionariorum. xvii s.

12537 Fabulæ excommunicati ab Innocentio papa 1 Arcadii
imperatoris confutatio, authore Christ. Baltazario.
xvii s.

12538 Notes sur la vie et les actes d'Urbain II. — Résumé de
l'hist. des Albigeois (82). — xviii s.

12539 Documents relatifs à l'hist. des papes, principalement
à leurs rapports avec les princes d'Italie et d'Espagne. xvii s.

12540 Summaria librorum 5 quorum originalia sunt in cas-
tro Sancti Angeli.—Annotationes in vitas pontificum
a Joh. XII usque ad Sixtum IV, etc. (149). — xvii s.

12541 Mémoires d'Étienne Infestura. xvii s.

12542 Recueil paraissant fait par un Anglais et renfermant
beaucoup de pièces sur l'histoire de la papauté au
xv s. — xv s. Pap.

12543 Recueil de pièces relatives à l'hist. de l'Église et de
la papauté au xv s. — xv s. Pap.

12544 Documents relatifs au grand schisme ; le premier est
intitulé : « Factum magistri et domini Jacobi de
Sena missum universitati Paris. super electione Ur-
bani. » — xv s. Pap.

12545 Traité pour prouver que le texte : Veni, ostendam tibi
damnationem meretricis magne, s'applique à la cour
de Rome. xv s. Pap.

12546 Documents sur l'hist. des papes du xiv au xvii s. —
xvii s.

12547 Diaires de différents papes du xv et du xvi s.—xvii s.

12548 Diaires de Sixte IV et d'Innocent VIII.—xvii s.

12549 Vies de Sixte IV et de Sixte V. — xvii s.

12550 Cérémonial de Paris de Crassis.—Diaires de Jules II et
de Léon X.— xvii s.

12551 Conclave tenu après la mort de Léon X. — xvii s.

12552 Diaires et documents divers, principalement relatifs
aux papes du xvi s. —xvii s.

12553 Suite du précédent recueil. — Rubrique du recueil
épistolaire de Bérard de Naples. — xvii s.

12554-12574 Actes consistoriaux des papes. xvii s.—Le vol. 12554
se rapporte à Alexandre VI et à ses successeurs jusqu'à Pie IV; le vol. 12555, à Alex. VI et à ses successeurs jusqu'à Urbain VIII ; le vol. 12556, à Léon X,
Adrien VI et Clément VII; le vol. 12557, à Paul III; le
vol. 12558 à Jules III, Marcel II et Paul IV ; le vol.
12559, à Paul IV et Pie IV ; le vol. 12560, à Pie IV ;
les vol. 12561 et 12562, à Pie V; le vol. 12563, à Pie V,
Grég. XIII, Sixte V, Grég. XIV, Innocent IX et Clément VIII; le vol. 12564, à Grég. XIII; le vol. 12565,
à Sixte V; le vol. 12566, à Grég. XIV, Innocent IX,
Clément VIII et Léon XI ; le vol. 12567, à Paul V ;
le vol. 12568, à Grég. XV; les vol. 12569 et 12570,
à Urbain VIII; le vol. 12571, à Inn. X; le vol. 12572,
à Alex. VII ; le vol. 12573, à Clém. IX et Clém. X ;
le vol. 12574, à Clément X.

12575 Décisions de la cour romaine (1376 à 1381) recueillies
par Guill. Harboth. xv s. Pap.

12576 Cancellaria Romana, sive de origine et institutione
officialium Romanæ cancellariæ eorumque taxis et
opera in diplomatibus provisionum beneficialium
expediendis. 1654.

12577 Formules de suppliques adressées aux papes. Un cer-
tain nombre de pièces se rapportent à des bénéfices
de Bretagne. xvi s.

12578 Cérémonial romain.— Sur les officiers des cardinaux.
— Généal. des comtes de Savoie. — xv s. Pap.

12579 Liber ritualis vetustissimus, ex bibl. Palatina. — Ex
libro rituali divinorum officiorum Romanæ curiæ, a
Benedicto, canonico S. Petri, a. 1143 (73). — Petri
Mallii opusculum historiæ sacræ (74). — Inscription
du tombeau de Constantin (105). — Anciennes litanies copiées par Fontanini (107). — xvii et xviii s.

12580 Ceremoniale Romanum, auct. Aug. Patricio Picolo-
mineo. — Liber cerimoniarum, auct. Petro Amelii
(158). — Thesaurus ecclesiæ Romanæ anno 1304
(238). — xvii s.

12581 Extraits de cérémoniaux. — Documents sur les rites de Rome. xvii s.

12582 I. Martyrologe d'Adon. xi s.
II. Copie d'un martyrologe romano-gallican. xvii s.

12583 Martyrologe d'Adon. — Règle de S. Augustin (53 v°).
— Obituaire du prieuré de S. Laurent (97). — xii s.

12584 I. Martyrologe d'Usuard et règle de S. Benoît. xiv s.
II. Graduel et antiphonaire notés en neumes. xii s. Peint.

12585 Martyrologe attribué à Florus. — Bulles du xv s. relatives à l'Angleterre. —Ex chartis monasterii Cryptæ Ferratæ. — xvii s.

12586 Martyrologium sanctorum Galliæ. xvii s.

12587 Claudii Estiennot Hagiologion gallicanum. — xvii s.

12588 Martyrologe bénédictin. — Calendrier de l'abbaye de S. Vasi (74).—Notes et documents sur les vies, les reliques et les offices de différents saints. — xvii s.

12589 Index alphabeticus sanctorum monachorum ordinis S. Benedicti. xvii s.

12590 Légende dorée. 1316.

12591 Légende dorée. xiv s.

12592 Légende dorée. xiv s.

12593 Miracles de N.-D. : opuscules de Herman et de Hugues Farsi ; miracles de N.-D. de Laon et de Roc-Amadour. — C^t du xiii s. Peint.

12594 De laudibus b. Mariæ. xiv s.

12595 Recueil de Ruinart sur les actes des martyrs. xvii s.

12596 Vies des Pères.— Passiones apost. Petri et Pauli (144 v°). — Vita S. Frontonis (158). — Visio Barontii mònachi (160 v°). — S. Baboleni historia (166), avec notation en neumes. — xi s.

12597 Vies des Pères.— De morte electorum.—Vita S. Brindani. — xii s.

12598 Vies des saints. viii s.— Agatha (94). — Agnes (86 v°). — Cecilia (62). — Columba (103 v°). —Crispinus et Cr. (42 v°). — Eufemia (78).—Fuscianus et Victoricus (32 v°).—Germanus Autiss. (105 v°).—Juliana (107). —Justus (37 v°). — Landibertus Leod. (50).—Lucia (99 v°). — Lucianus (40 v°). — Martinus (1). — Mattheus (46). — Medardus (25 v°).—Remigius (23). — Servacius (47). —Vedastus (28 v°).

12599 Vie, translation et miracles de S. Germain de Paris.
xi s. Peint.

12600 Vies de saints. xi s. — Benedictus (167). — Dion. (213
v°). — Florianus et Florentius (202). — Hermelan-
dus (179 v°). — Hieron. (97). — Julianus Cenom. (119).
— Licinius (109). — Magnobodus (148). — Marcus (238
v°). — Maurilius [vita, auct. Greg. Turon. (49); miracula, auct. Harmero (85 v°)]. — Medardus (46). —
Nicolaus (1, 256). — Samso (129). — Stephanus (142).
— Sulpicius (242). — Sermo Odonis de S. Benedicto
(172 v°). — Sententie sapientum (241 v°).

12601 Lectionnaire, avec notation en neumes, renfermant
principalement des vies de saints. xii s. — Andreas
(172 v°). — Augustinus (102). — Benedictus (55 v°).
— Bricius (160 v°). — Cecilia (166). — Clemens (169
v°). — Cornelius et Cypr. (116). — Dion. (6 v°, 134 v°).
— Fuscinula (101). — Gerardus (139). — Germanus
Autiss. (67 v°). — Hieron. (130 v°). — Hippolytus (79
v°). — Joh. et Paulus (35). — Julianus (104). — Laurentius (74 v°). — Lautenus (151). — Leodeg. (131 v").
— Marcellinus et Pet. (29). — Martialis (52). — Martinus (152 v°). — Mauricius (121 v°). — Medardus
(1). — Nicolaus (178). — Philibertus (97). — Quintinus (1). — Stephanus (71). — Taurinus (78). — Timotheus et Symph. (98 v°).

12602 Vies de saints. xii s. — Agnes (92). — Alexander papa
(111 v°). — Andreas (26). — Apollinaris (170). — Barnabas (62 v°). — Barthol. (46 v°). — Bonefacius m. (133
v°). — Cyricus et Jul. (161). — Felix (65). — Georgius
(106 v°). — Gordianus et Ep. (116 v°). — Jacobus frater Domini (45 v°). — Jacobus frater Joh. (29). —
Joh. evang. (32). — Lucas (61 v°). — Magdalena (163).
— Marcellinus et Petrus (134). — Marcellus papa (66).
— Marcus (60). — Marius et Martha, Audifax et
Abacuc (69 v°). — Matheus (49 v"). — Nazarius et
Celsus (139 v°). — Nereus et Ach. (119 v°). — Pancratius (118). — Perpetua et Felicitas (105). — Petro-
nilla (123). — Petrus et Paulus (1) — Philippus (46).
— Praxedis (163). — Præjectus (100 v°). — Primus
et Felicianus (136 v°). — Rufinus et Valerius, auct.

Ratberto (142 v°). — Sebastianus (72 v°). — Simon
et Jud. (54).—Thomas ap. (36 v°).—Thimotheus ep.
(63 v°). — Urbanus papa (124).—Vincentius (95 v°).
— Vitua m. (155).

12603 Greg. Turon. liber miraculorum b. Andree. — Passio
b. Andree (19). — Qualiter tabula S. Basilii Clunia-
cum delata fuerit (22 v°).—[De reliquiis S. Stephani]
(24 v°). — XII s.

12604 Vies de saints. XII s. — Alexis (122 v°). — Andreas (19
v°). — Barnabas (89). — Barthol. (60 v°). — Goar
(110). — Greg. (1). — Jacobus frater Domini (16 v°).
— Jacobus frater Joh. (34 v°). — Joh. evang. (38).
—Karleffus (93).—Leodegarius (125 v°).—Marchus
(89 v°). — Matheus (64). — Mathias (76 v°).—Paulus
(12 v°). — Petrus (3 v°). — Philippus (18 v°).—Procopius (114 v°).—Septem dormientes (115).—Simon
et Jud. (70). — Teodoricus (102). — Thomas ap. (4
v°). — Wingaloeus (129 v°).

12605 Vies de saints. XII s.—Adrianus m. (148 v°).—Agilus
(127). — Amandus (1). — Ambrosius (25).—Ansber-
tus (4). — Arnulfus (85). — Audoenus (113).—Aus-
treberta (12). — Barthol. (110 v°).—Basilius (50).—
Ciricus et Jul. (60).—Cornelius (167 v°).—Crux (32,
166).—Cyprianus (168). — Egidius (132 v°). — Eu-
genia (154).—Evurtius (136).—Félix et ł l. (126 v°).
— Germanus Autiss. (98). — Gordianus (34 v°). —
Hildevertus (119).—Honorina (22).—Joh. inventio
capitis (121 v°).—Magdal. (91). — Marcialis (74). —
Maria (143). — Mathias (19). — Maurilius (159). —
Nazarius, Gerv. Prot. et Celsus (45).— Nereus et
Ach. (35 v°).— Pancratius (41). — Pontius (44).—
Remigius (62 v°).—Valentinus (17).

12606 Vies de saints. XII s.—Abbo (141). —Agapitus (?) (83
v°). — Amator (24 v°). — Ambrosius (17).—Andreas
(157 v°). — Atanasius (27). —Augustinus (88 v°).—
Avitus (54).—Barthol. (87).— Basilius (48 v°).—Benedictus (163). —Calistus ep. (124).— Cecilia, Thi-
burtius, Val. et Max. (152 v°). — Clemens ep. (155
v°).—Crux (32 v°, 99 v°).—Cyprianus (104 v°, 112 v°).
— Donatianus et Rog. (39 v°).—Donatus (79).—Eli-

gius (161 v°). — Eucherius (146). — Eusebius presb.
(83 v°). — Fides (122 v°). — Florentius et Florianus
(110 v°). — Georgius (19 v°). — Germanus Paris.
(40). — Gerv. et Prot. (55). — Hieron. (117). — Jacobus frater Domini (24). — Joh. Bapt. (94). — Julianus (13). — Julianus m. (93). — Justina et Cyprianus (100). — Kiriacus (33 v°). — Lambertus (106 v°).
— Leodegarius (119). — Lifardus (43). — Lucas (126
v°). — Lucia (174). — Luciana et Gemin. (105). —
Lucianus (9). — Marcellinus et Petrus (41). — Marcialis (66). — Marcus (20). — Maria (95, 171 v°). —
Matheus (109). — Mauricius (108). — Maurilius (96 v°).
— Maurus m. (147). — Maximinus (174 v°). — Medardus (44). — Michael (115). — Nazarius et C. (46). —
Nicolaus (167 v°). — Paulus ep. et conf. (122). —
Petrus et Paulus (61). — Privatus (86). — Philibertus
(84 v°). — Philippus (23 v°). — Quatuor coronati
(137 v°). — Quintinus (129 v°). — Remigius (10, 118
v°). — Ricarius (22). — Rigomerus et Tenestina (88).
— Romanus (34 v°). — Saturninus m. (156 v°). — Septem dormientes (79 v°). — Silvester (1 v°). — Steph.
(1, 73, 182). — Symon et Jud. (128). — Symphorianus (86 v°). — Syxtus, Laurentius, etc. (81 v°). —
Theodorus m. (139). — Thomas ap. (177 v°). — Veranus (140). — Vitus et Mod. (152 v°).

12607 Vies de saints. Fin du XII s. — Balthildis (134 v°). —
Bertila (149). — Eligius; vita, auct. Audoeno, et
miracula (1). — Fuscianus, Vict. et Gent. (117, 196).
— Gentianus (176). — Geraldus (155 v°). — Hugo,
abbas Clun., auct. Gilone (197 v°). — Nicholaus (97,
180). — Precordius (190 v°). — Ratbertus, Corb. abbas
(173 v°). — Thomas, Cant. archiep. (123 v°).

12608 Vie de S. Grégoire par Jean diacre. XII s.

12609 Vies de S. Maur, en vers et en prose. XII s.

12610 Vie et miracles de S. Germain de Paris. XII s.

12611 Vies de saints. Fin du XII s. — Alexander, Ev. et Theod.
(62). — Ambrosius (17). — Antimus (79). — Apollinaris (207 v°). — Arnulfus ep. (197). — Arsenius (198
v°). — Barnabas (123). — Basilius (38). — Blandina
(103 v°). — Bonefacius (115). — Calepodius (78). —

Cantius, Cantianus, etc. (99 v°). — Cristina (212 v°). — Crux (57 v°). — Cyricus et Julita (130). — Desiderius, Lingon. ep. (92 v°). — Domitilla et Theodora (89 v°). — Felicitas (177). — Focas (192). — Fuscianus, Vict. et Gent. (141 v°). — Gallicanus, Joh. et Paulus (138 v°). — Georgius (26 v°). — Gerv. et Prot. (32 v°, 134). — Jacobus apost. (56). — Januarius (66 v°). — Lifardus (111). — Macra (54). — Marcellinus, Petrus, etc. (101). — Marcus (31). — Margareta (179). — Maria Egypt. (1). — Maria Magd. (200 v°). — Martialis (159). — Medardus (117 v°). — Nereus et Ach. (83 v°). — Nicolaus (68 v°). — Paulus (151 v°). Partênius et Calocerius (90 v°). — Pancratius (82 v°). — Petrus (143). — Phil. (56 v°). — Potitus (50 v°). — Praxedis (199 v°). — Primus et Fel. (122 v°). — Processus et Mart. (172). — Quiriacus (75 v°). — Quirinus (114 v°). — Rufina et Secunda (178). — Rufus et Valerius (123v°). — Theodosia (11). — Thomas ap. (173). — Torpes (35). — Urbanus papa (94 v°). — Vitus, Mod. et Cresc. (128). — Vulmarus (184 v°).

12612 Vies de saints. XIII s. — Arnulfus (123 v°). — Augustinus (241). — Babillas (197). — Benignus (70 v°). — Blasius (215). — Brigida (206). — Carleffus (94). — Claudius Asterius et Neo (13). — Columba (180). — Crothildis (172). — Cyrillus ep. (122 v°). — Domninus (45 v°). — Felix in Pincis (191 v°). — Fileas (223). — Firminu (188). — Frontus (39). — Gaugericus (1). — Germanus Autiss. (140). — Goar (115 v°). — Haimrammus (31 v°). — Ignacius (205 v°). — Isaac et Max. (1 v°). — Joh. Bapt. (62 v°). — Juliana (224). — Julianus (16 v°). — Justus, ep. Lugd. (21 v°). — Justus et Pastor (15). — Lucianus (184). — Lupus ep. (137 v°). — Mammes (7). — Marcellus m. (23 v°). — Marculus (79 v°). — Maria martyr, kl. nov. (88 v°). — Marina (182). — Martina (179). — Maurus m. (77 v°). — Maximinus presb. (85). — Pelagia (47v°). — Philippus ep. (53). — Policarpus (202). — Praxedis (136). — Prejectus (201). — Procopius (122). — Quadraginta mart. (230). — Reparata (44). — Romanus (72 v°). — Solempnius (35 v°). — Speusippus, Eleos. et Mel. (193). — Teodericus abb.

(105 v°). — Thecla (23 v°). — Tymotheus et Apoll. (11).—Victor ep. (18). — Victor m. (131 v°).—Vulfrannus (233).

12613 Liber gestorum Barlaam et Josaphat editus a Joh. Damasceno. — Summa mag. Joh. de Abbatisvilla (64).—XIII s.

12614 Vies de S. Benoît, de S. Maur, de S. Babolein et du comte Burchard. XIII s. Peint.

12615 Vies de saints. 1316. — Ambrosius (125). — Andreas (37). — Augustinus (114). — Barnabas (98). — Barthol. (71). — Gregorius (100). — Hieron. (139). — Jac. frater Domini (68). — Jacobus frater Joh. (41). — Lucas (96). — Marcus (94). — Mathæus (76). — Mathias (91). — Petrus et P. (1). — Phil. (69). — Symon. et Jud. (84). — Thomas (53).

12616 Vies de saints. Vers 1316. — Albinus (80).—Amandus (75).—Audoenus (142 v°). — Audomarus (74 v°). — Bavo (102 v°).—Benedictus(83,109 v°).—Egidius (152 v°). — Felix conf. (56). — Felix presb. (57). — Furseus (46). — Germanus Paris. (95).—Hylarius (42). — Julianus (66 v°). — Leo (108 v°). — Leonardus (159). — Medardus (105). — Michael (157).—Paulinus (107 v°).—Philibertus (136 v°).—Remigius (25 v°). — Richarius (88). — Silvester (1). — Sulpicius (58).—Vedastus (69). — Wandregisilus (127 v°).

12617 Vie et miracles de S. Germain de Paris. — Passion de S. Vincent. — XIV s. Peint.

12618 Vie et mir. de S. Maur, de S. Babolein (31 v°) et du comte Burchard (40 v°). — Purgatoire de S. Patrice (46 v°).—XIV s.

12619 Vita b. Actoni Hispani ep. Pistoriensis. XVII s.

12620-12621 Canonisatio b. Franciscæ Laurentiæ de Pentianis. XVII s.

12622-12624 Canonisatio b. Jacobi, al. Didaci de S. Nicolao. XVII s.

12625-12626 Canonisatio Ludovici Beltrandi. XVII s.

12627-12628 Canonisatio Raimundi de Pennafort. XVI s.

12629-12630 Canonisatio S. Johannis de S. Facundo. XVII s.

12631 Canonisatio S. Caroli Borromei XVII s.

12632 Notes hagiographiques et extraits divers pour l'histoire ecclésiastique. XVII s. — Vita S. Huberti Bertigniacensis (43). — Vita Simonis comitis (53). — Vita

Balduini de Bocla, primi fundatoris monasterii de
Bodelo juxta Gandavum (57 v°). — Ex legendario
abbatiæ Menatensis de S. Vincentiano confessore
(72). — Vita S. Medulphi confessoris (72 v°).— Vita
S. Saviniani, abbatis Menatensis in Arvernia (72 v°).
— Vita B. Aviti (74). – Vita S. Carilephi (74). —
Vita S. Hugonis, archiepiscopi Rothomagensis (75).
— Ex vita S. Roberti, abbatis Casæ Dei (75 v°). —
Officium S. Marii, Rodanensis cœnobii abbatis (77)·
— Vita venerabilis Benedicti, patris Clusini monas-
terii (82).— De monasterio Vendano (88 v°).— Con-
versio Otgerii militis (89 v°). — Ex vitis S. Faronis
(94). —Ex ordinario S. Luciani Belvacensis (109 v°).
— Vita S. Mauricii abbatis (111). — Ex chronicis
S. Petri Vivi (113).

12633 Notes bibliographiques sur les vies de saints, rangées
suivant les jours de l'année. xviii s. Au dos du volume est imprimé le titre : Ordinarium Sancti Germani.

12634 Règles des Pères, de S. Augustin et du Maître. — Ammonitio S. Effrem ad monachos (78). — Sermo S.
Johannis de consolatione mortis (142 v°). — vii ou
viii s. Écriture onciale.

12635 Copies et extraits de diverses règles monastiques.
xvii s. — Ex regula S. Aureliani (1). — Regula
S. Stephani, primi patris Grandimontensis ordinis
(22). —Ex regulis sanctorum Pauli et Stephani (43).
— De Essenorum institutione et regula (63).— Hildegardis expositio in regulam S. Benedicti (70). —
E regula patrum (86). — Regula S. Macarii (108,
de la main de Sirmond). — Regula S. Cæsarii (119).

12636 I. Règle de S. Benoît. — Fragment de martyrologe
(30).—Règle des Cordeliers (39).—Règle de S. Augustin (44). — xiv s.

II. Fragment d'une somme de théologie (54). xii s.

12637 Exposition de Hildemarus sur la règle de S. Benoît.
xi s.

12638 Commentaire de Smaragdus sur la règle de S. Benoît.
—Sentences extraites des Pères et divisées en douze
distinctions (62). — Comm. du xiii s.

12639 Commentaire de Bernard du Mont-Cassin sur la règle de S. Benoît. xvii s.

12640 Boherius Urbetanus in regulam S. Benedicti. xvii s.

12641 Commentaire sur la règle de S. Benoît. xvi s. La fin manque.

12642 Commentaria in regulam S. Benedicti, authore Michaele Duperatio de Turre Rotunda, monacho ordinis sancti Benedicti. xvii s.

12643 Notes d'Anselme Rolle sur la règle de S. Benoît. — Tractatus Henrici de Pyro, de visitatione religiosorum (71). — Extraits divers. — xvii s.

12644 Extraits relatifs aux règles monastiques. xvii s.

12645 Extraits relatifs aux règles monastiques. — Guidonis Juvenalis ordinis sancti Benedicti vinditiæ reformationis (25). — xvii s.

12646-12647 Sur la date de la mort de S. Benoît et de l'arrivée de S. Maur en Gaule, par Jean ou Philibert Oudin. — xvii s.

12648 Notes et documents pour l'histoire de l'ordre de S. Benoît, et de la congrégation de S. Maur. Matériaux pour un martyrologe bénédictin. — xvii et xviii s.

12649 Constitutions de Benoît XII pour la réforme de l'ordre de S. Benoît. 1337.

12650 Hugonis Matbou dissertatio de monachatu clericorum regularium S. Augustini et de clericatu benedictinorum a prima ordinis institutione. xvii s.

12651 Recueil sur l'ordre de S. Benoît. — Travaux de Robert Quatremaire. xvii s.

12652 Recueil sur l'ordre de S. Benoît. — Copie du rouleau de Mathilde, abbesse de la Trinité de Caen (87). — xvii s.

12653 Abrégé de la Chronique de l'ordre de S. Benoît, par Victor Tiolier. 1651.

12654-12657 Extraits pour les Annales de l'ordre de S. Benoît. xvii s.

12658-12704 Recueil de pièces sur l'histoire de divers monastères bénédictins, formé au xviie et au xviiie s. et intitulé Monasticon benedictinum. Voici le nom des maisons sur lesquelles ce recueil fournit des documents de quelque étendue.

Dans le vol. 12658 : Absie en Gastine (1). — S. Aubin d'Angers (58). — Hautvillers (182). — S. Amand en Puèle (222).

Vol. 12659 : Ambournay (1). — S. Andoche d'Autun (108).—S. André du Château (109).—S. André d'Avignon (131). — S. André au dioc. de Gap (353).

Vol. 12660 : Aniane (9). — S. Chinian (240).

Vol. 12661 : S. Evre de Toul (1). — L'Évière à Angers (58). — N.-D. d'Argenteuil (78). — S. Arnoul de Metz (110). — Avenay (119). — Augia Major (133). — Augia Dives (207). — S. Augustin lez Limoges (219). — Aurillac (382).

Vol. 12662 : S. Basle (30). — Beaulieu en Argonne (78). — Beaulieu en Touraine (100). — Beaumont de Tours (181). — Sublac (213). — S. Benigne de Dijon (236).—Bertaucourt (332).— S. Bertin (334). — S. Blaise dans la forêt Noire (363).

Vol. 12663 : S. Pierre de Gand (14). — Blangy en Ternois (32). — Blesle (58). — Boheris (83). — Bonneval en Rouergue (94). — Boscaudon (104).— Brantôme (134).— Conques (142).— Breteuil (162). — Bourbourg (276). — Boisgrolland (285).— Bourgueil (291). — Buzay (327). — S. Sulpice de Rennes (334 v°).

Vol. 12664 : Chaumes, dioc. de Sens (1). — La Chaume (4). — S. Chaffre (24). — Champ-Benoît (32). — Chanteuge (39).— S. Calais (49). — Charroux (55). — Chaise-Dieu (100). — Chezal-Benoît (120). — Chezy (139). — Le Mont Cassin (166).— Montolieu (268). — Caunes (272).

Vol. 12665 : S. Riquier (4). — Choisy, dépendance de S. Médard (26).—Cîteaux (30).— Les Clairets (54). — Clairvaux (55). — Cluni (72). — Sainte-Colombe de Sens (87). — Conques (101). — Corvey (115).— Corbie (121). — Corbigny (224). — S. Corentin (236). — Cormery (243).

Vol. 12666 : Les Châtelliers (1). — S. Corneille de

Compiègne (12). — S. Crespin le Grand (70). — Bouzonville (79). — Ste-Croix de Bordeaux (85).

Vol. 12667 : Ste-Croix de Bordeaux (1). — Quimperlé (186). — Ste-Croix de Poitiers (196). — S. Cyprien de Poitiers (211). — Cusset (309). — S. Cibar (311).

Vol. 12668 : S. Dié (1). — Montier en Der (7). — S. Denis en Broqueroi (38). — S. Denis en France (55).

Vol. 12669 : Hierre (3). — S. Éloi de Noyon (18). — S. Ausoni (168). — S. Eusèbe, dioc. d'Apt (142). — S. Eutrope de Saintes (150). — Eysses en Agenais (157).

Vol. 12670 : Ferrières en Gâtinais (70). — Flavigny (159). — Fleury (258). — S. Florent de Roye (295).

Vol. 12671 : S. Florent de Saumur (1). — S. Flour (177). — S. Maur des Fossés (197). — S. Fuscien (275).

Vol. 12672 : S. Gall (4). — S. Bavon de Gand (124). — S. Guillem (152). — S. Georges de Rennes (290). — S. Sulpice de Rennes (293).

Vol. 12673 : S. Gérard de Brogne (1). — S. Germain d'Auxerre (134).

Vol. 12674 : S. Germain d'Auxerre (1). — S. Guillain (202). — S. Gildas au Bois (325). — S. Gildas de Ruis (334).

Vol. 12675 : Hasnon (13). — Lérins (69). — S. Hubert (145). — S. Jagu (246).

Vol. 12676 : S. Allyre (3). — S. Jean d'Angely (77). — S. Jean de Laon (125). — S. Jean au Mont de Térouanne (222). — Moutier S. Jean (282).

Vol. 12677 : Josaphat (1). — S. Jouin de Marnes (77). — S. Josse sur mer (97). — S. Julien de Tours (136).

Vol. 12678 : Crespin (3). — S. Laumer (12). — S. Sulpice de Bourges (119). — S. Laurent près Liége (134). — Corbigny (162). — Lezat (194). — Ste Livrade (222). — Leisborn (249). — S. Lucien de Beauvais (263). — Luçon (279). — Lure (323). — Luxeuil (345).

Vol. 12679 : S. Magloire de Paris (5). — Manlieu (19).
— Marmoutier (22). — Maillezais (216). — S. Mi-
chel en l'Erm (285). — Le Mas-Garnier (290). — Le
Mas de Verdun (323).— S. Marcel de Chalon (336).
— Marchiennes (395).

Vol. 12680 : La Chaume (8). — La Charité (21). —
Le Ronceray (34). — La Grasse (74). — La Daurade
(176). — Issoudun (301). — Lautenac (353). — Los
(366). — Molême (419).

Vol. 12681 : Engelberg (1). — Mouson (60).— Nogent
sous Coucy (82). — Noyers (110). — Pontlevoy
(195). — N.-D. de Soissons (256).

Vol. 12682 : La Sauve-Majeure (4). — Morienval (79).
— S. Euverte (100). — N.-D. de Saintes (121). —
S. Martial de Limoges (151). — S. Martin d'Autun
(177). — Boran (206). — S. Martin de Tournai
(219).

Vol. 12683 : S. Martin de Tours (1). — Villemagne
(110).— S. Mahé (139).— Mauriac (159).— S. Maur
sur Loire (209).— S. Maurin (337).

Vol. 12684 : S. Maurin (2). — Mauzac (93). —
S. Maixent (104). — S. Médard de Soissons (188).
— S. Melaine de Rennes (288). — Molosme (300).

Vol. 12685 : S. Meen (1). — Gaillac (22). — S. Michel
de Tonnerre (75). — Moissac (83).— La Mourguié
(122). — Montierneuf (151). — Montmartre (196).
—Montmajour (244).

Vol. 12686 : Montmajour (1). — Montolieu (303).

Vol. 12687 : Montolieu (1).— Morbac (192).—Muns-
ter (238).— Muri (253).

Vol. 12688 : Nantua (1). — S. Nicaise de Reims (14).
— S. Nicolas d'Angers (51). — S. Nicolas au Bois
(78). — S. Nicolas en Lorraine (114). — S. Nicolas
sous Ribemont (177). — Nyoiseau (295). —Noaillé
(305). — Ébersmunster (414). — Orbestier (477).

Vol. 12689 : Paray (15). — Peris (32).—Perrecy (58).
— S. Paul de Beauvais (109). — Bèze (159). —
S. Pierre de Chalon (173). — S. Père de Chartres
(214).—Les Chases (327). — Condom (339). — La
Couture du Mans (362).

Vol. 12690 : La Couture du Mans (1). — Petershausen (11). — S. Pé de Generès (50). — Lagny (82). — S. Pierre lez Melun (187). — La Réole (299).

Vol. 12691 : S. Pierre de Reims (1). — Vierzon (88). — S. Pierre le Vif (107). — S. Pourçain (284). — Pouthières (303).

Vol. 12692 : S. Quentin en l'Ile (1). — Mont S. Quentin (60).

Vol. 12693 : S. Rémi de Reims (11).

Vol. 12694 : S. Rémi de Reims (1). — S. Rémi de Senlis (151). — S. Robert de Cornillon (172). — Remiremont (180).

Vol. 12695 : Redon (7). — S. Sauve de Montreuil (225). — Ste Austreberte de Montreuil (238 v°). — Savigny, dioc. de Lyon (273). — S. Savin en Poitou (345). — S. Savin de Lavedan (349).

Vol. 12696 : S. Savin de Lavedan (1). — Schafouse (45). — S. Seine (90). — Senone (175). — S. Serge d'Angers (187). — S. Sever en Gascogne (327).

Vol. 12697 : S. Sever de Rustaing (3 et 84). — S. Savin de Lavedan (54). — S. Cyran (87). — Souvigny (118). — Solignac (137). — Solèmes (197). — Sordes (230). — Sorèze (256). — Stavelo (279). — S. Étienne de Nevers (341). — S. Sulpice de Rennes (353).

Vol. 12698 : Souillac (1). — Sorèze (10). — Stavelo (173). — S. Étienne de Dijon (258). — S. Sulpice de Bourges (277). — S. Sulpice de Rennes (321). — S. Symphorien de Beauvais (345).

Vol. 12699 : S. Thierri (22). — S. Tiberi (178). — Villemagne (202).

Vol. 12700 : S. Tiberi (1 et 100 v°). — S. Maurin (94). — La Grasse (107). — S. Chinian (112). — S. Pourçain (124). — Tournus (132). — La Cava (149). — Ste Trinité de Poitiers (153). — Vendôme (170). — Turpenay (355). — Tyneetz en Pologne (367).

Vol. 12701 : S. Urbain, dioc. de Constance (1). — Uzerche (8). — Vauclair (11). — S. Valeri (29). — Le Val de Grâce (318). — Le Val des Choux (325). — Le Valdosue (341).

Vol. 12702 : S. Vast d'Arras (1). — Liessies (19). —

S. Victor de Marseille (132). — S. Chaffre (209). —
— Villers (230). — Villechasson (309). — Villeloin
(315).— S. Vincent de Besançon (334). — S. Vincent du Mans (342).

Vol. 12703 : S. Vincent de Laon (1). — S. Vit en
Bavière (173). — Vigeois (203).— Weingarten (207).
— Werden (217). — Samer (226). — Landevenec
(267).— Vezelay(281). — Issoire (310).

Vol. 12704 : S. Augustin de Limoges (1). — S. Julien
de Brioude (25). — La Mourguier à Narbonne (47).
— Marmoutier (62).— S. Chaffre (90). — S. Pierre
de Reims (119). — S. Valery (143). — S. Vincent
de Laon (224).

2705-12706 Statuts de Citeaux, Grammont, Chezal-Benoît, etc.
XVII s.

12707 Cronice de vita b. Francisci et sociorum ejus. 1508.

12708 Compendiosissima chronica magistrorum generalium
ordinis Prædicatorum. XVII s.

12709 Statuta congregationis Oratorii B. Philippi Nerii.
XVII s.

12710 Matériaux pour une histoire des Mérovingiens, des
Carlovingiens et des premiers Capétiens, jusqu'en
1180 ou environ. Extraits de diverses chroniques,
de Grégoire de Tours, de Turpin, de Guillaume de
Jumièges, de différentes vies de saints, etc. — Vie
de Louis le Gros par Suger (12 v°). — Notice de la
Gaule (33), publiée par Duchesne (I, 16). — Statuts
de Dinant (83 v°). — XII s.

12711 Histoire d'Aimoin, avec la continuation. En tête du
ms. plusieurs lettres relatives à Étienne II, évêque
d'Autun. XI s. sauf les additions.

12712 Histoire d'Aimoin. XVI s.

12713 Livres I et II d'Orderic Vital, avec la lettre de Guillaume Vallin à Félix de Brie, abbé de S. Évroul.
XVI s. Parch.

12714 Chronique de Pierre des Vaux de Sernay. XVII s.

12715 Chronique des rois de France, par Bernard Gui.
XVII s.

12716 Chronique des rois de France et des comtes de Toulouse, par Bernard Gui. XVII s.

12717 Mêmes chroniques. — Plaidoyer du s^r Dumoulin avec
la sentence de Messieurs de Berne (134). — Histoire de Louis XII, par Humbert Vellay, retouchée
par Nicolas de Langes (158). — Mémoire sur les
vicomtes de Limoges, par A. Galland (220).—XVII s.

12718-12720 Concilium Parisiense supra morte ducis Aurelianensis
a duce Burgundiæ perpetrata a. 1407. XVII s.

12721 Procès de condamnation de Jeanne d'Arc. 1475.
Parch. et pap.

12722 Mémoires pour la justification de Jeanne d'Arc. —
Poursuites contre les juifs de Trévoux (70 et 117) et
contre ceux de Savoie (105).— Mémoires relatifs au
grand schisme (143). — XIV et XV s.

12723 Procès de justification de Jeanne d'Arc. XVII s.

12724 États généraux de Tours en 1483. XVII s.

12725 Ab excessu Henrici II annalium primus. XVII s.

12726 Recueil des lettres de papes qui faisaient partie du
Trésor des chartes. Vers 1310. Peint.

12727 Edm. Richeri defensio libelli de ecclesiastica et politica potestate. XVII s.

12728 Journal de l'affaire de la censure d'Arnauld. 1655-
1656. XVII s.

12729 Sur la déclaration du clergé de France. XVII s.

12730 Extrait des comptes des décimes fournissant un état
des bénéfices des diocèses suivants . Autun (95),
Auxerre (24), Chalon (212), Cornouaille (29), Die
(182), Dol (49), Embrum (129), Gap (154), Grenoble (194), Langres (112), le Mans (73), Mirepoix
(233), Montauban (236), Montpellier (221), Nantes
(63), Nevers (17), Pamiers (209), Rennes (58),
Rieux (229), S. Brieuc (40), S. Malo (43), S. Paul
(191), S. Pol de Léon (51), Sens (1), Toulouse (225),
Tréguier (54), Vaison (189), Valence (142), Vannes
(34), Viviers (167). — Bénéfices dépendant des
abbayes de Vézelay (238), du Mont-S.-Michel (239)
et de S. Quentin de Beauvais (239 v°). — Bénéfices
à la disposition du roi (241). — XVII s.

12731-12732 Listes des abbayes et des prieurés de chaque diocèse
de France. — États des bénéfices dépendant d'un

grand nombre de monastères français. — XVII et
XVIII s.

12733 Copies de chartes recueillies sous ce titre : Fonda-
tions d'églises, donations, droicts, devoirs, hom-
mages deubs aux ecclésiastiques, exemptions à eux
accordées, et charges auxquelles ilz sont tenus.
XVII s.

12734 Mélanges sur l'histoire ecclésiastique de la France.
Listes d'évêques. — Hist. de Ste Croix de Bordeaux
(73). — XVII et XVIII s.

12735 Notes de D. Odo de la Mothe sur l'histoire ecclésiastique de la France. XVII s.

12736-12737 Oudini Annales gallo-benedictini ab a. 561. XVII s.

12738 Simon's Genoux Gallia infulata. XVII s.

12739-12776 Recueils de D. Estiennot, divisés comme il suit :
Vol. 12739 : Dioc. d'Orléans.
Vol. 12740 : Dioc. de Lyon et de Belley.
Vol. 12741 : Vexin.
Vol. 12742, 12743 : Dioc. de Bourges.
Vol. 12744 : Chezal-Benoît.
Vol. 12745 : Dioc. de Clermont.
Vol. 12746-12748 : Dioc. de Limoges et de Tulle.
Vol. 12749 : Dioc. du Puy.
Vol. 12750 : Dioc. de Saint-Flour.
Vol. 12751, 12752 : Antiquités bénédictines de Gas-
cogne.
Vol. 12753 : Dioc. d'Angoulême.
Vol. 12754 : Dioc. de Saintes.
Vol. 12755-12758 : Poitou.
Vol. 12759 : Périgord.
Vol. 12760, 12761 : Antiquités bénédictines du Lan-
guedoc.
Vol. 12762 : Diocèses d'Avignon et d'Arles.
Vol. 12763-12776 : Fragmenta historiæ Aquitanicæ.

12777-12780 Documents sur diverses abbayes de France, recueillis
par D. Le Michel, Chantelou, Mabillon, etc. Suit la
liste des principales maisons auxquelles se rapportent ces documents.
Vol. 12777 : S. Aubin d'Angers (1). — S. Amant de
Boisse (16). — S. André lez Avignon (30). — S. Chi-

gnan (50). — Aniane (74). — Montieramey (90). — S. Ouen de Rouen (106). — Aurillac (134). — Le Bec (154). — Beaulieu en Limousin (164).— S. Bénigne (192).— Bonneval, diocèse de Chartres (200). —Bousonville (210). — Bourgdieu (214). — Bourgueil (258). — S. Étienne de Caen (298). — La Canourgue (314). — Charroux (322). — Chaise-Dieu (355). — S. Claude (597).— Ste Colombe de Sens (639). — Colombs (657). — S. Corneille (661). — Conches (701). — Condom (739). —Corbie (743). — S. Crespin de Soissons (833). — Ste Croix de Bordeaux (873). — La Couture (929).—Cunault (1125).

Vol. 12778 : La Daurade (1).—S. Denis (5).—Evron (9). —S. Évroul (15).—S. Éloi de Noyon (40).—S. Cibar (48).—Eyssex (58).—S. Faron (65).—Ferrières (67). —Fécamp (101).— Flavigny (109).— S. Florent de Saumur (124).—S. Flour (150).— Gaillac (151).— Jumièges (153). — Ste Gemme (199). — S. Germer (200).— S. Germain d'Auxerre (210).— S. Germain des Prés (229). — La Grasse (238). — Grestain (244). —S. Guillelm du Désert (252).—Noirmoutier (264). — S. Hilaire, dioc. de Carcassonne (265 v°). — S. Jean d'Angély (269). — S. Jouin (310). — S. Julien de Tours (311). — Ste Trinité de Rouen (312). — Joncels (316). — Landevenec (321). — Lagny (322).— S. Lomer (343).—La Croix S. Leufroi (394). — Lire (398).

Vol. 12779 : Manlieu (1). — Maillezais (3). — Mas-Garnier (19). — S. Mansuet (25). — S. Mihiel (20). — S. Martial (27). — S. Martin de Séez (67). — S. Maur sur Loire (83). — S. Maur des Fossés (91). — S. Maixent (95 a).— S. Médard (106). — S. Michel de Tonnerre (107).— Maubec (109).— Molême (111).—Montolieu (114). — S. Nicaise de Reims (120).— S. Nicolas d'Angers (174). —Noaillé (178). — Orbestier (179). — Pessan (181). — S. Père de Chartres (183). — S. Pé de Générez (205). — S. Pierre le Vif (211). — S. Pierre de Vienne (319). — S. Pons (324).— S. Pourçain (332).— S. Pierre de la Réole (343). — S. Rémi de Reims (355). —

S. Rémi de Sens (363). — Rebais (374). — S. Savin
en Poitou (376). — S. Savin de Lavedan (377). —
Sauve, dioc. de Nîmes (385). — Sarlat (387). — Senone (390). — S. Serge d'Angers (392). — Solignac
(398). — Sorèze (400). — S. Sulpice de Bourges
(402).

Vol. 12780 : Talmond (1). — Tiron (3). — Tournus
(55). — S. Martin de Tulle (69). — Vabres (73). —
S. Valeri (77). — S. Wandrille (84). — Vezelay (111).
— Corbigny (123). — S. Victor de Marseille (125). —
Villemagne (141). — S. Vincent du Mans (145). —
S. Vincent de Laon (159). — Vendôme (223). —
S. Vanne (339). — Le Tréport (363). — Uzerche
(367). — Absie (369). — Moutier la Celle (370). —
Ste Croix de Bordeaux (404). — S. Nicolas de Ri-
bemont (442). — S. Serge d'Angers (448). — Notes
sur qq. abbayes de femmes (462), notamment sur
Fontevraud (467), Montmartre (482), Remiremont
(492), Ste Trinité de Poitiers (525). — Pouillés de
Saintes (545) et de Bordeaux (572).

12781 Extrait de divers obituaires, etc. XVII s.

12782 Pièces origin. du XIVᵉ s. relatives à diverses abbayes
bénédictines de la France.

12783 Pièces relatives à l'histoire des bénédictins français,
principalement au XVII s.

12784 Travail de Jac. du Breul sur la règle de S. Benoît.
— Constitutions de Chezal-Benoît (210). — XVI et
XVII s.

12785 Cérémonial et constitutions de Chezal-Benoît. XVI s.
Parch.

12786 Cérémonial et constitutions de Chezal-Benoît. XVII s.

12787 Règle de S. Benoît et constitutions de Chezal-Benoît.
1625.

12788 Constitutions de Chezal-Benoît. XVII s.

12789-12790 Annales de la congrégation de S. Maur, 1600-1730.

12791 Annales de la congrég. de S. Maur, 1610-1651.

12792 Electiones superiorum et decreta capitulorum generalium congregationis S. Mauri, ab a. 1645 ad a. 1736.

12793 Constitutions de la congrég. de S. Maur, etc.

12794-12797 Matricules des moines de la congrég. de S. Maur jusqu'en 1736.

12798 Statuts de l'ordre de Grammont. XVI s. Parch. et pap.

12799 Constitutiones canonicorum regularium B. Mariæ de
Liveriaco, S. Severini prope Castrum Nantonis et
S. Callisti de Cisonio. XVII s.

12800 Chapitre général de la congrégauou de la doctrine
chrétienne en 1743. — Sur les canonisations (20).
— XVII et XVIII s.

12801 Recueil de traités fait par ordre de Charles V. XVII s.

12802 Traités entre la France et les États d'Italie. XVII s.

12803-12805 Traités entre la France et l'Espagne. XVII s.

12806 Traités entre la France et l'Angleterre. XVII s.

12807 Traités du XVI et du XVII s. XVII s.

12808 Divers traités du XVII s. XVII s.

12809 Actes par lesquels les rois de France ont esté nommez
juges et arbitres par aucuns rois et princes pour
juger leurs différens. XVII s.

12810 Contrôle de l'audience de la chancellerie de France.
1530-1546.

12811 Compilation d'ordonnances, de jugements et d'actes
divers relatifs aux droits du roi, à la justice, aux
métiers et à la prévôté de Paris. XV s. Pap.

12812 Style du parlement, suivi de quelques ordonnances.
XV s.

12813 Extrait des Olim, par A. Galland. XVII s.

12814 Compilation d'ordonnances et d'actes relatifs aux fi-
nances du royaume, faite à la Chambre des comptes. XIV s.

12815 Extrait des registres de la Chambre des comptes, fait
du temps de Charles VIII. Pap.

12816 Notes sur le droit et les coutumes de la France.
XVI s.

12817 Compilation d'ordonnances, de jugements et d'actes
divers tirés du Trésor des chartes et des registres
du parlement. XVII s.

12818 Hist. de l'abb. de Chaise-Dieu. XVII s.

12819 Extrait des comptes de diverses impositions ecclésiastiques levées dans le dioc. de Bourges. 1470.

12820 Chartes de l'abb. de Déols. XVII s.

12821 Chronique de S. Benigne de Dijon. XVII s.

12822 Même chronique. XVII s.

12823 Notes et documents sur l'abbaye de Cluny. XVII s.

12824 Cartulaires de S. Symphorien d'Autun, de S. Marcel de Chalon et de S. Seine, et extrait de l'obituaire de la sainte chapelle de Dijon, par Aubrée. XVIII s.

12825 Hist. de l'abb. de Redon. XVII s.

12826 Statuts synodaux du dioc. d'Arras. XV s.

12827 Gestes des évêques de Cambrai et d'Arras. XVI s.

12828 Livres I-XIV de Jacques de Guise. — Livres IV et V de Strabon (434). — XV s. Pap.

12829 Hist. de l'abb. de S. Maurin, dioc. d'Agen, par Dulaura. XVII s.

12830 Actes relatifs à la famille d'Estaing. Ct du XVI s.

12831 Catalogue des évêques de Paris, par Jac. du Breul. XVI s.

12832 Polyptyque d'Irminon. Vers 845.

12833 Martyrologe, leçons, règle de S. Benoît, obituaire et pièces diverses relatives à S. Germain des Prés. Vers 1216, sauf les additions.

12834 Calendrier, martyrologe, leçons, règle de S. Benoît, obituaire et pièces diverses relatives à S. Germain des Prés. Vers 1270, sauf les additions.

12835 Obituaire de S. Germain des Prés depuis 1631.

12836 Actes de visite de l'abb. de S. Germain des Prés. XVII et XVIII s.

12837-12844 Chronique de l'abbaye de S. Germain des Prés, par J. du Breul. Huit exemplaires.

12845 Défense de l'exemption de S. Germain des Prés. XVII s.

12846-12850 Recueil de pièces sur l'histoire de l'Université de Paris. XVII s.

12851 Statuts de la faculté de théologie de Paris. XVI s.

12852 Statuts du collége du Plessis. XVII s.

12853 Cartul. de Raimond VII, comte de Toulouse. XVII s.

12854-12855 Registrum curiæ. Deux copies du XVII s.

12856 Procédures faites par l'évêque d'Alby contre les hérétiques, de 1285 à 1300. Copie de 1574.

12857 Hist. de l'abb. de la Grasse, par D. Jean Trichaud. 1677.

12858 Cartul. de Beaulieu en Limousin. XVII s.

12859 Historia Mediani Monasterii a fratre Jo. de Bayon. —
Antiquitates verissimæ Vallis Galileæ, a Jo. Hercu-
lano collectæ (354). — XVII s.

12860 Chronique de Richer de Senone. 1658.

12861 Chronique de Richer de Senone. XVII s.

12862 Tables de l'église de Toul, par Louis Machon, comprenant les vies des saints dont voici les noms :
Amon (25). Aper (72). Apronia (59). Clemens papa
(403). Dionisius (374). Gauzelinus (409). Gerardus
(116). Goericus (426). Leo papa IX (237). Mansue-
tus (1). Vedastus (89). 1642.

12863 Formulaire à l'usage d'un notaire de l'officialité de
Toul. XVII s.

12864 Pouillés de Metz et de Verdun. 1642.

12865 Pouillés du dioc. de Metz, précédés de mélanges de
géographie ancienne. XVIII s.

12866 I. Cartul. de S. Pierre-Mont. 1292.
II. Cartul. de Remiremont. 1385.

12867 Copies de chartes de Lorraine et d'Alsace. XVII s.

12868 Recueil de pièces du XV s., la plupart relatives à l'hist.
ecclésiastique de Lyon. XV s. Pap.

12869 Statuts de l'église de Lyon, suivis de quelques chartes de cette église et de plusieurs titres des sei-
gneurs de Beaujeu. XVII s.

12870 Cartul. du comté de Forez. XVII s.

12871 Pouillé du dioc. du Mans. XVI s.

12872 Gestes des comtes d'Anjou. XVI s.

12873 Statuts des universités d'Angers et d'Orléans. XVII s.

12874 Cartul. de Marmoutier pour le Dunois. Vers 1100.

12875 Recueil de D. Le Michel sur Marmoutier. XVII s.

12876-12880 Hist. de Marmoutier, par D. Martène, avec les preu-
ves. XVII s.

12881 Gestes des sires d'Amboise. Cᵗ du XVI s.

12882 Guillaume de Jumièges et divers morceaux historiques tirés du recueil formant le ms. latin 14663.
XVI s.

12883 Coutume de Normandie, précédée d'un calendrier,
suivie de quelques pièces sur le droit normand,

d'arrêts de l'échiquier, et du tarif de la prévôté de Caen. Vers 1300.

12884 Chronicon Beccense auctum et illustratum. xvii s.

12885 Obituaire de l'abb. de Montebourg, suivi du martyrologe, de la règle de saint Benoît et de divers morceaux historiques. 1448.

12886 Obituaire et cartul. de S. Avit d'Orléans. xiii s., sauf les additions.

12887 Commentarii Thomæ Triputii ad consuetudines Aurelianenses. Ms. original.

12888 Hist. de Picardie, par N. Rumet. Fin du xvi s.

12889 Hist. de l'abb. de S. Josse sur mer, par Robert Wiard. xvii s.

12890 Continuation de la chronique de S. Riquier, par Victor Cotron. xvii s.

12891 Chronicon Andrense. 1627.

12892 Coutumier de Corbie, par Étienne de Conty. 1411. Peint.

12893 Hist. de Corbie, par Jacques Baron. xvii s.

12894 Statuts de S. Éloi de Noyon. xvi s.

12895 Cartul. de S. Quentin en l'Ile. xvii s.

12896 Cartul. de S. Cyprien de Poitiers. xvii s.

12897 Hist. de S. Cyprien de Poitiers, par René du Cher. 1680.

12898 Cartul. de S. Amant de Boisse. xvii s.

12899 Recueil de pièces sur les comtés de Provence et Forcalquier. C[t] du xvi s.

12900 Statuts d'Avignon. xv s. Ce ms. est en déficit.

12901 Chronique des comtes de Savoie, précédée de la chronique des marquis de Montferrat, etc. xvi s.

12902 Gregorii Amasæi descriptio geographica Italiæ et provinciæ Forojul. xvi s.

12903 Francisci Persicani comitis historia belli italici sub Julio II. xvii s.

12904 Chronique de l'abb. de Novalèze. xviii s.

12905 Recueil sur la famille des comtes de Vingtemille, Palléologues et Lascaris. xvii s.

12906 Procédures contre Barnabé Visconti de Milan. xv s. Pap.

12907 De Guillelma Bohema vulgo Guillelmina a. 1306 ob

hæreseos notam exhumata demum et combusta, etc. auctore Jo. Petro Puricello. XVII s.

12908 Statutorum communis Paduæ liber tertius. XVI s. Parch.

12909 Tertius liber malliorum potestatis Florentiæ. Cᵗ du XVI s.

12910 Secundus liber statutorum communis Florentiæ. XVII s.

12911 Expositiones super librum statutorum Florentiæ per Thomam Salvettum. XVII s.

12912 Statuta Pisanæ civitatis. XVII s.

12913 Statuta civitatis et status Senarum. XVII s.

12914 Onuphrii Panvini tractatus de Lateranensi et Vaticana basilicis. XVII s.

12915 Documents sur le majorat de la famille Cæsarini. XVII s.

12916-12917 Chronicon Farfense. XVII s. Deux exempl.

12918 Historia monasterii S. Michaelis Montis Cavensis. XVIII s.

12919 Copie figurée, faite en 1617, d'une charte octroyée vers 980 par les princes Pandolfe et Landolfe.

12920 Consuetudines civitatis Panormitanæ. XV s.

12921 Chronica monasterii S. Martini de Scalis Panhormi. V. 1700.

12922 Chronologica historia proto-monasterii S. Nicolai de Arenis Catanæ. XVII s.

12923 Histoire de Rodrigue de Tolède. XV s. Pap. Au cᵗ chronique abrégée des papes et des empereurs, notice des cités de l'Espagne, catalogue des évêques de Tolède et de Séville.

12924 Histoire de Rodrigue de Tolède. Cᵗ du XVI s.

12925 Priviléges de l'église de Tolède. — Affaires de Sicile au XV s. (59).—Johannis Egidii libellus de preconiis Hispanie (115). — Johannis de Cardalhaco liber regalis (145). — XV s. Pap.

12926 Apologia fratris Bartholomæi a Casaus adversus Genesium Sepulvedam. XVII s.

12927 Coutumier de Cuença. XIV s.

12928 De comitatu de Pugnonrostro. XVII s.

12929 Droits du roi catholique à la succession du royaume
de Portugal. xvii s.

12930 Justification des inquisiteurs de Portugal adressée
par Jérôme Soarès à Clément X.

12931 Pièces sur la déposition de Vinceslas, roi de Bohême,
et l'élection de Rupert. xviii s.

12932 Mémoires pour l'hist. d'Allemagne jusqu'en 1618.
xvii s.

12933 Mémoires pour l'hist. d'Allemagne de 1619 à 1638.
xvii s.

12934 Mémoires touchant la Bohême, la Hongrie et la Pologne. xvii s.

12935 Mémoires concernant la France, la Pologne, le Danemark et la Suède. xvii s.

12936 Registre de la correspondance de Jean de Zamosczie,
chancelier de Pologne. V. 1580.

12937 Constitutions des bénédictins de Bavière. xvii s.

12938 Sur l'abb. de S. Emmeran de Ratisbonne. xvii s.

12939 Historia Treberorum. xvi s.

12940 Histoire de Stavelo. — Vie de S. Dagobert (30). —
Histoire de Tournai et de l'abb. de S. Martin de
Tournai (54). — xvii s.

12941 Histoire de l'abb. de S. Tron. xvii s.

12942 Bedæ historia Anglorum.—Vita S. Leonardi (107).—
Vita S. Pauli Aureliani (113 v°).—Defloratio cano-
num secundum Amelarium (130). — Defloratio
Remigii Autisiodorensis super missam (138 v°). —
Liber b. Methodi de principio seculi (145 v°).—xii s.

12943 Bedæ historia Anglorum. — Bedæ liber de locis sanctis (90). — Galfridi Monemut. historia Britonum
(97). — xi et xii s.

12944 Traités avec le Danemark, de 1499 à 1639. — xvii s.

12945 Historiens des croisades : Guibert de Nogent, Fou-
cher de Chartres (65) et Gilles de Paris (113). —
Apologétique de S. Bernard (137). — Division des
paroisses de Corbie (143 v°). — Extraits de S. Jérôme (146). — Vocabulaire des mots de la Bible,
par Guill. le Breton (149). — xiii s.

12946 Bessarionis adversus Georgium Trapezuntium, ca-

lumniatorem Platonis, defensionum opus. 1476.
Peint.

12947 Andreæ Contrarii objurgatio in calumniatorem divini
Platonis. xv s. Peint.

12948 Fratris Ambrosii eremitæ annotationes in Timæum,
ad Franciscum I regem. 1523.

12949 Aristotelis periermeniæ. — S. Augustini dialectica
(12). — Prologus Alchuini ad Karolum super ca
thegorias Augustini (24). — Categoriæ Aristotelis,
ab Augustino de græco in latinum mutatæ (24).—
— Notes et fragments, parmi lesquels une note sur
le sens du mot Cerauna (39), des tables de comput
(41), dont l'une faite en 896 par frater Johannis
Scotti Aldelmus (42), des règles sur la grosseur des
tuyaux sonores (43). — Ysagogæ Porphyrii (46).—
Boetii libri de Trinitate (53), ad Johannem diaconum (57 v°), adversus Nestorium (62 v°). — Apuleii
periermeniæ (71), cum Boetii commentariis (80 v°).
— IX s.

12950 Aristotelis libri topicorum, elencorum (42), priorum
(55), posteriorum (83) et ethicorum (103). XIII s.

12951 Aristotelis de metaphysica libri XII, et liber de causis
(69). XIII s.

12952 Aristotelis physica. XIII s.

12953 Aristotelis libri physicorum, de celo et mundo (76),
de generatione et corruptione (166), meteororum
(196), de anima (232), de causis (271 v°). — [Aver-
rois] libellus de substantia orbis (274). — [Consta-
buli] liber de differentia animæ et spiritus (276). —
Aristotelis libri de morte et vita (283), de somno
et vigilia (285 v°), de sensu et sensato (297), de
memoria et reminiscentia (310), de plantis (315),
metaphysicorum (336). — XIII s. Peint.

12954 Seneca de quatuor virtutibus cardinalibus.— [Aristo-
telis ethicorum translatio Alexandrina] (3 v°). —
Aristotelis ethica (30). — Fin du XIII s.

12955 Simplicius in Aristotelis prædicamenta. XVI s.

12956 Isagoge Porphyrii. — Aristotelis predicamenta (5) et
periermenias (12 v°). — [Gilberti] liber sex princi-
piorum (16 v°). — Boetii divisiones (21) et topica

(28). — Aristotelis topica (53) et elenchi (124), analytica priora (148) et posteriora (207). — Fin du XIII s.

12957 Gloses sur les traités de Boèce de Trinitate (2), ad Johannem diaconum (11), de ebdomadibus (12), contra Nestorium (15 v°). — Traités de grammaire (26). — Arati ea quæ videntur (57). — Boetii commenta in isagogas (75). — Boetii commentarius in topica Ciceronis (83). — Dialogue sur le Psautier (96). — IX s.

12958 Traités de Boèce sur Porphyre. — Abrégé d'arithmétique (44). — Extraits de S. Augustin (52). — Vers sur les vents (54). — Noms grecs des cordes musicales (55). — Extrait du livre de Boèce sur les Topiques de Cicéron (55 v°). — Fragment sur l'astronomie (57). — Fragments de grammaire (58). — Fragments de Galien (67). — Vie en vers de S. Cassien (73). — IX et X s.

12959 I. Traités de Boèce sur la dialectique. XI s.
II. Traité de Geoffroi de Vendôme sur les psaumes. XII s.

12960 Boetius in periermenias. — Gloses sur Martianus Capella (25). — [Jo. Scoti Erigenæ liber de divisione naturæ] (31). — Gloses de Rémi d'Auxerre sur Martianus Capella (39). — Autres gloses sur le même (47). — Fragments de Priscien (116). — IX s.

12961 Consolation de Boèce. XI s.

12962 Commentaire de Nicolas de Trevet sur la Consolation de Boèce. 1381.

12963 Traité de Cassiodore sur les arts libéraux. X s.

12964-12965 [Jo. Scoti Erigenæ libri de divisione naturæ.] IX s.

12966 Policratique de Jean de Salisbury. XV s.

12967 Traité de Barthélemi de Glanville sur les propriétés des choses. XIII s.

12968 Summa super librum physicorum secundum fratrem Thomam de Aquino. — Sententia super libro de generatione, edita a fratre Egidio de Roma (80). — Thome expositiones in libros de sensu (124), de memoria (139 v°), et de anima (147). — XIII s.

12969 S. Thomæ summa de essentiis essentiarum. — Liber

quatuor aquarum Raymundi Lulii (27). — Pratica
artis alkymiæ secundum Arnauldum de Villa nova
(30 v°). — Disputatio Raymundi Lulii cum quodam
monacho (33 v°). — La théorique et practi⸍ ie
maistre Arnault de Villeneufve (35). — 1501.

12970 Exposition des Éthiques par Jean Buridan. XIV s.

12971 I. Questiones supra librum de anima, a Radulpho
Britone. Fin du XIII s.

II. Expositio Johannis [de Abbatis villa], episcopi Sa-
binensis, super Cantica canticorum (41). XIII s.

III. Notes sur Alexandre IV et les livres de Joachim
(73), sur Jean XXII et les controverses auxquelles
il fut mêlé (74). — Tractatus per universitatem
Parisiensem compositus de vita animarum separa-
tarum (74 v°). — XV s.

IV. Fragments de bréviaire. XIV s.

12972-12973 Recueil d'ouvrages de Raimond Lulle. XVII s.

12974 Raymundi liber de ascensu et descensu intellectus.
XV s. Pap.

12975 Philosophia naturalis reformata. XVI s.

12976-12977 Joannis Bodini colloquium heptaplomeres de abditis
rerum sublimium arcanis. XVII s. Deux exemplaires.

12978 J. C. Bulengeri dissertatio de veritate. XVII s.

12979-12983 Traité de Pierre Séguier sur la connaissance de soi-
même. XVII s. Cinq exemplaires.

12984 Recueil sur la monnaie. XVII s.

12985-12989 Cahiers de philosophie. XVII et XVIII s.

12990 Cahiers de physique. XVII s.

12991 Commentaria Averrois in librum de generatione et corruptione Aristotelis. XVI s.

12992 Sententie super libros Physicorum secundum fratrem
Thomam de Aquino. — [Sententie in libros de
anima] (72 v°). — [De meteoris] (f. 112 v°). —
Sententia magistri Petri de Alvernia [in] librum
metheororum Aristotelis (118 v°).—[Roberti Lincol-
niensis expositio in Analytica posteriora] (187). —
C¹ du XIV s.

12993 Georgii Riplæi liber [de lapide philos.]. — Speculum
alkymiæ Arnaldi de Villa nova (34). — Recettes
d'alchimie, etc. (45). — XVI s.

12994 Philosophia secreta vere naturalis. xvi s.

12995 Dioschoridis liber de virtutibus herbarum. ix s.

12996 Adversaria in Theophrastum de plantis. xvi s.

12997 Partie d'herbier. C' du xviii s.

12998 Petri de Crescentiis liber ruralium commodorum. xv s. Pap. et parch.

12999 Fragments de médecine, commençant par une lettre d'Hippocrate, d'astrologie et de théologie. — Spera Pythagore (7 v°). — [Proverbia centum] (7 v°). — Figure de labyrinthe (11). — Fulbertus, Carnotensis episcopus, de incarnatione Domini contra Judeos (60 v°). — Decreta Calixti II data in concilio Remensi (85 v°). — Haimonis quæstiones (86). — Scola quæstionum (91). — Extraits de Sénèque (96). — Sentences des sages (97). — De homine et partibus ejus (97 v°). — xii s.

13000 Liber pantegni factus a Constantino. Fin du xiii s.

13001 [Almansorius]. xiii s.

13002 Henrici de Amonda villa chirurgia. xv s. Pap.

13003 [Platinæ] liber de honesta voluptate et valitudine. C' du xvi s.

13004 Abrahami Portaleonis, medici Mantuani, hebræi, responsorum et consultationum medicinalium liber. 1607.

13005 De spiritibus lectiones. 1600.

13006 Petri Seguini particularis methodus medendi. 1647.

13007 Traité de médecine. xvi s.

13008 Medicinæ cum mathematica conjunctio. xvi s.

13009 Boetii matematicæ libri duo. ix s.

13010 Marci Junii Nupsi liber de limitibus. xvii s.

13011 Ad triangulorum sphæricorum stereometriam appendix per Alex. Andersonium. — Abrégé de géographie (39). — xvii s.

13012 Cahier de mathématiques. xvii s.

13013 Calendriers (2 et 24), table des cycles (8), avec de courtes annales de Saint-Germain des Prés, règles de comput, etc. — Bedæ libri de natura rerum (30) et de ratione temporum (48). — ix s. Sauf les additions. Dessins.

13014 Traité des éléments, composé à York en 1325 ? —

Liber Haly filii Abenragel de judiciis astrologie
(14). — Commentaire sur ce traité (109). — Tables
astronomiques (123 v° et 160). — Canon Jo. de
Saxonia (155). — Sur les quinze étoiles etc. d'Énoch
(174 v°). — Vocabulaire botanique, contenant des
mots allemands (179). — De flebotomia (183 v°). —
Messehalla de mercibus (187 v°). — XIV s.

13015 Petri de Alliaco tractatus de legibus et sectis contra
superstitiosos astronomos. — Ejusdem tractatus de
concordia theologie et astronomie (56). — XV s.
Pap.

13016-13017 Liber Picatricis hispani. XVII s. Deux exempl.

13018 Vera et indubitata astrologiæ principia. XVII s.

13019 [Ars cabalistica]. XVII s.

13020 Boetii musica et geometria (59 v°). IX s.

13021 Francisci Bianchini tractatus de musicis veterum
instrumentis. XVIII s.

13022 J. Auboux tractatus de arte et inventione navigandi.
XVII s.

13023 Prisciani liber de XII versibus. IX s. On a ajouté des
gloses étymologiques, etc.

13024 Liber Pompei grammatici. IX s.

13025 Traités de grammaire, parmi lesquels sont ceux de
Servius et d'Asper. — IX s.

13026 Ars Euticii. — Ars Virgilii (11). — Cruindmeli tractatus de metrica ratione (41). — Vers de Prudence
(57). — Fables d'Avienus (78). — Vers de la Consolation de Boèce (85), et de Martianus Capella (92 v°).
— Poëme de S. Paulin sur S. Félix (101). — Egloge
de libris grammaticorum (121). — Ars Malsachani
(161). — IX s.

13027 Étymologies d'Isidore. IX s.

13028 Étymologies d'Isidore. VIII s.

13029 Grammaire de Smaragdus. IX s.

13030 Vocabulaire de Papias. Fin du XIII s.

13031 Commentaire sur le Doctrinal. XIV s.

13032 Glossaire latin-français. Fin du XIV s. Peint.

13033 Grammatices opus speculatione mixtum, ex Scoto
deductum, cardinali Marcello Lantes dicatum,
auctore F. Julio Arigono a Cremona. XVII s.

13034 Dictionnaire latin-allemand, imprimé en 1541, avec additions mss.

13035-13037 Notes de Du Cange ayant servi à la rédaction du Glossaire de la basse latinité.

13038 Nuits attiques d'Aulu-Gelle. XII et XV s.

13039 Nuits attiques d'Aulu-Gelle. XV s.

13040 Francisci Philelfi commentationes Florentinæ de exilio. XVI s.

13041 Cahier de rhétorique. XVII s.

13042 Travaux de Turnèbe sur les poëtes grecs. — Opuscules de S. Grégoire de Nazianze (93), et de S. Basile (98). — XVI s.

13043 Œuvres de Virgile. X s.

13044 Énéide de Virgile. X s.

13045 Lucain. XI s.

13046 Statii Thebais. X s.

13047 Poëme sur la Genèse, attribué à Juvencus. — Opuscules de Tertulien (29 v°), S. Jean Chrysostome (41), S. Jérôme (62 v°, 75, 96 v° et 165), S. Augustin (65, 123), S. Ambroise (94 v°), S. Cyprien (125).—Poëme sur la résurrection des morts, attribué à S. Cyprien (105). — Vers sur l'Ancien Testament (113). — Vers de Sedulius (115, 161). — Deux lettres de S. Just, ajoutées après coup (163 v°). — IX s. Les f. 102-115 en écriture onciale.

13048 I. Livre d'Adamnan sur les lieux saints, suivi de qq. vers de Fortunat (29). IX s.

II. Centons de Falconia Proba (31 v°). — Poésies diverses de Fortunat (39). — IX s. Écriture lombardique.

III. Extraits de Cassiodore (59) et de S. Augustin (77 v°). IX s.

13049 Poésies de Fortunat. XVI s.

13050 Petri Rige Aurora. XIII s.

13051 Magistri Galtheri Alexandreys. XIII s.

13052 Mélanges de poésies latines et françaises. XVII s.

13053 Pro salute domini Seguier feliciter recuperata G. Audin carmen. XVII s.

13054 Vers de Jacques Boursier en l'honneur de Séguier. XVII s.

13055 Compliments, en prose et en vers, adressés à Séguier
     par les pensionnaires du collége de Clermont.
     XVII s.

13056 Lettres d'Ives de Chartres. — Prologue d'Isidore sur
     les canons (110). — Lettres de S. Léon (111 v°) et de
     Hildebert (120). — XII s. Au commencement et à la
     fin, quelques pièces relatives aux biens de Saint-
     Germain des Prés, et un catalogue des papes (1).

13057 Lettres d'Abélard. XVI s.

13058 Lettres de Hildebert. XVI s.

13059 Lettres de Pierre de la Vigne. XIV s.

13060 Lettres de Nicolas de Clémangis. XV s. Parch. et pap.

13061 Lettres et opuscules de N. de Clémangis. — Xeno-
     phontis contentio vite private et tyrannice, interprete
     Leonardo Aretino (166). — XV s. Pap. et parch.

13062 Lettres de Jean de Montreuil. XV s.

13063 Correspondance de Jacques Dalechamps. XVI s.

13064 [Gabr. Martinet emblemata Segueriana]. XVII s.

13065 Mélanges bibliographiques. — Archives de Ravenne
     (96). — Mss. de Petau (254) et de Séguier (220, 277).
     — XVII et XVIII s.

13066 Mélanges bibliographiques. — Notes pour le recueil
     des actes des saints bénédictins. — XVII et XVIII s.

13067 Notices et extraits de divers mss., par Mabillon et
     autres. XVII s.

13068-13072 Catalogues de mss., notes et extraits divers. Ce recueil
     a servi de base à la Bibliotheca bibliothecarum de
     Montfaucon.

13073 Catalogue des mss. de S. Évroul, de S. Martin de Séez
     (69), de Conches (74) et de S. Taurin (76). XVII s.

13074 Catalogues de divers mss. de France et d'Italie. XVII et
     XVIII s.

13075 Index archivii arcis Adrianæ, auctore Silvio de Paulis.
     — Index librorum græcorum mss. in archiman-
     dritatu S. Salvatoris Magni Fari a. 1563 inventorum
     (277). — Index librorum ex abbatia de Itala Siciliæ
     (286). — Index mss. bibliothecæ S. Crucis in Jeru-
     salem (297). — Catalogus librorum mss. reginæ
     Sueciæ (305). — Inventarium librorum editorum
     contra Turcos (419). — Catalogus librorum mss. ex

bibliotheca cardinalis Sfortiæ (455). — Libri græci
G. cardinalis Nicæni, inventi in D. Marci æde (473).
— Notitia monasteriorum ordinis S. Benedicti,
eorum taxæ, etc. (495). — XVII s.

13076 Catalogues des mss. de la reine de Suède. XVII s.

13077 Notices et extraits de divers mss. d'Italie, notamment
de la bibliothèque Vaticane, de la Vallicellane, de
la Barberine et du Mont-Cassin. XVII s.

13078 Notices et extraits de mss. du Vatican. XVII s.

13079 Extraits de divers mss. d'Italie. — Benedicti, monachi
S. Andreæ, chronicon.—E chronico Fulconis Andeg.
(37). — E martyrologio S. Dionysii Leodic. (39).
— E chronico S. Michaelis de Clusa (45). — Vita
S. Benedicti Clusini (50). — Capitularia (64). —
Vitæ SS. Gregorii (68), Victoriæ (71 v°), Concordii
(72 v°). — Chartul. Cassinense (76). — Chartul.
comitum Campaniæ (134).—Epistola Innocentii III
(170).—De Savonarola (176). — Richardi, archiep.
Armachani, defensio contra spontanee mendicantes
(184). — Carmen de miseriis guerræ Anglorum
(198) — Benevenuti de Raimbaldis libellus Au-
gustialis (200). — Amalrici Augerii de Biterris de
vitis pontificum liber (212). — E chartul. S. Mariæ
de Caburro (214). — E chron. Cremonensi (220). —
Archiepiscopi Ravennatenses (226). — Litteræ Ga-
leati de Petra Malla et Roberti de Valle Rothom.
(228). — De receptione capitis S. Andreæ (238). —
Eugenii IV instructiones (246). —Caroli IX litteræ
ad concilium Trident. etc. (274). — Formula fidei
Polonorum a. 1556, etc. (278).—Defensorium mona-
choruų contra perpetuos vicarios (294).—De regio
jure patronatus in Sicilia (295). — Compendium
preheminentiarum ecclesiasticarum catholici regis
Philippi in regno Siciliæ (307).— Apologia Baronii,
de Sicilia (313). — Dubia tentata a deputatis sta-
túum apud aliquos theologos (327). — Jo. Pauli
Lascaris epistola ad Innocentium X (329).—Instructiones datæ Federico V, comiti palatino electori
(343). — Antonii Gallonii disputatio de veneratione
sanctorum defunctorum ante illorum canonizatio-

nem (367). — Raymundi Raymundetti liber de monarchia Siciliæ (579). — Index librorum archivii castri S. Angeli (425). — Regulæ indicis a Sixto V cardinalium congregationi traditæ (447). — Ascanii cardinalis Columnæ ad ea quæ Baronius de Sicilia scripsit judicium. — xvii s.

13080 Notices et extraits de divers mss. d'Italie. Au c¹, extraits des registres des papes pour établir la succession des évêques et des abbés de France. — Pièces nombreuses sur les ouvrages des auteurs ecclésiastiques, et sur l'histoire de l'église de Rome. — Vie et miracles d'Urbain V (324). — xvii s.

13081 Extraits de mss. d'Italie. Pièces sur les ordres religieux. Lettres de papes. — Fragments d'Alcuin (137). — Chronique do l'ordre de Sempringham (145 v°). — Archives de Ravenne (161). — Cruciferorum chronicon (238). — xvii s.

13082-13084 Catal. de la biblioth. de S. Germain-des-Prés, par Luc d'Achery, avec des additions.

13085 Catal. des livres hétérodoxes de S. Germain-des-Prés. xvii s.

13086 Catal. d'une bibliothèque (p. e. de Séguier). xvii s.

13087 Catal. d'ouvrages de médecine. xvii s.

13088 Catal. d'un recueil de pièces sur l'histoire de France. xviii s.

13089 Fragments de mss. — Ex Petri Comestoris historia ecclesiastica (1). xiii s. — Vita S. Melanii (32). xii s. — S. Augustini sermones (33). xii s. — Extr. d'un missel de S. Maur-des-Fossés (44). xiii s. — Ex S. Gregorii pastorali (49). ix s. Écriture saxonne. — Formulaire de lettres (77). ix s. — Epitaphia Anselli Laudun., magistri Radulfi (120) et S. Thomæ Cantuar. (120 v°). Fin du xii s. — E vitis S. Maturini et S. Lupi (122). xi s. — Deux feuillets d'un cartul. de S. Germain-des-Prés (127). xiii s. — Tractatus Nicetii de vigiliis servorum Dei (129). xi s. — Deux feuillets d'un coutumier de S. Martin-des-Champs (137). C¹ du xv s. — Catal. des abbés de S. Melaine de Rennes (139). xiii s. — Comptes de sommes reçues des curés de l'archidiaconé de Meaux en 1387

(140). — Calendrier et rituel du prieuré de la Charité (150). xv s.

13090 Fragments de mss. — Ex canonibus; versus Tranquillini de xii ventis (1 v°). xi °   Vita Gerardi de Rosselon (2). xiii s. — De S. ... ...meo (7). x s. Palimpseste. — Compotus Hi. ...(18). xii s. — Regulæ Isidori (45) et Fruc... (82); ex libro Auxilii de Formoso papa (59 v°). xi s. — Sermo de S. Theoderico (62). xii s. — Fragments de mss. de S. Rémi de Reims, contenant des actes d'associations de prières (70), l'épitaphe de Lothaire (71 v°), des actes d'offrandes d'enfants (72). ix s. — Encyclique sur la mort d'André, abbé de Chezal-Benoît (78). xii s. — Frotharii epistolæ, etc. (80). ix s. — De S. Maria Magdal. (94). xii s. — Acta S. Mauritii (111), S. Romani (112 v°), S. Felicitatis (124 v°). xiii s. — Vita S. Hugonis Clun. (127). xii s. — Vita ejusdem, auctore Rainaldo, abbate Vizel. (146); ejusdem vita metrica (157). xii s. — Ivonis Carnot. epistolæ (161). xii s. — Vitæ S. Maioli (168 et 178), et S. Hugonis Cluniac. (170 v°); sermo S. Hugonis de S. Marcello (177). xii s.

13091 Fragments de mss. Canons de conciles (1). xi s. — Judicium ferri (4). xii s. — Miracula S. Sebastiani (8). xii s. — Vita et mirac. S. Adalardi (46, 47); translatio S. Præcordii (64 v°). xii s. — Vita S. Richarii a Racberto et Alcuino (24). xiii s. — Traité sur les vertus (28). xii s. — Lettres de Grégoire IX, Honorius III, et Maurice, archev. de Rouen (36); passio S. Petri (38 v°); S. Andreæ (39 v°); S. Jacobi (40). xiii s. — Lettre de Grégoire IX, décrets de Juhel, archev. de Tours (44); Statuts de S. Louis contre les Juifs, etc. (43 v°). xiii s. — Ciceronis synonyma (46). xii s. — Commencement des Décrétales (67). xiii s. — De medicina (79). xiii s. Tableau astronomique; vers de la Sybille, etc. (82 v°). xii s. — Comput en vers (83). xiii s. — Lettre du clergé de France à Boniface VIII (99). xiv s. — Vers sur la mort (101 v°). xv s. — De professione monachorum (102). xiii s. — Sermon en français

(124). xiii s. — Chronique des papes et des empereurs (126). xv s. — Livre de piété intitulé le Livre
d'amoretes (150). xiv s.

13092 Traité de piété. xv s. — Formulaire pour la réception
d'un enfant en religion (49). Fin du xv s. Pap. —
Chroniques abrégées (69); lettres de Phil. de l'Aumône (75), d'Arnoul de Lisieux (75 v°), de Laurent
de Westminster (76 v°) et d'Aliénor, reine d'Angleterre (79). xv s. Pap. — Épitaphe d'Alexandre
d'Écosse, moine de Cîteaux (81). — Fragment d'histoire romaine, en français (82). xv s. — Vita S. Gi-
rardi, monachi S. Albini Andeg. (88). xii s. — Vita
S. Botulfi (110). xii s. — Vita S. Walarici (114).
xii s. — Fragment d'un missel (129). xi s. — Fragment d'un traité liturgique (131). xii s. — Recettes
de médecine (139). xiii s. — [Adbreviatio chronicæ]
(140). xiii s. — Fragment d'antiphonaire (141).
xiii s. — Vita S. Richarii (153). xiii s. — Lectiones
de S. Benedicto, etc. (165). xii s. — C'est li recors
des eskievins monsigneur de Fielles en Robeke
(170). Fin du xiii s.

13093-13105 Notes, extraits divers et sermons de Jacques du Breul.
xvi s.

13106 Extraits de divers auteurs, par Ruinart? xvii s.

13107-13110 Papiers divers de D. Martène et de quelques autres
bénédictins. xvii et xviii s.

13111 Mélanges de D. Cafflaux. xviii s.

13112 Extraits rangés alphabétiquement. xvii s.

13113 Notes et extraits divers. xvii et xviii s.

13114 Extraits divers et cahiers d'écolier. xvii s.

13115 Extraits divers, et notamment d'un ms. du collége de Foix
intitulé Gemmæ papales et imperiales. xvii et xviii s.

13116-13118 Mélanges de théologie. xvii et xviii s. Au f. 44 du vol.
13116 : Articles de Standon sur la réformacion des
gens de l'Église, v. 1500, pap.

13119-13120 Extraits divers, pièces copiées par Mabillon, Martène
et autres bénédictins.

13121 Extraits divers. Pièces satyriques du xvii s. — Ancien
traité de comput (87). — Catalogues de mss. xvii et
xviii s.

13122-13128 Recueils de Claude Bellièvre. xvi s.

13129-13131 Recueils d'Aug. Galland. xvii s.

13132 Notes et extraits divers. xvi s.

13133 Extraits de différents auteurs. xvii s.

13134 Extraits d'auteurs anciens. xvii s.

13135 Extraits divers. xvi s.

13136 Extraits d'auteurs sacrés. xvii s.

13137-13138 Papiers du P. Louis Cellot. xvii s.

13139-13140 Extraits divers, pièces pour l'histoire du xvii s. Une partie du recueil a été écrite par une main italienne.

PETIT FORMAT.

13141-13150 Dix bibles du xiii s.

13151 Bible. — Calendrier (343 v°). — Brevis summula contra errores heretichorum (345 v°). — xiii s.

13152 Bible. xiii s. Peintures.

13153 Bible. xiii s.

13154 Bible. — Calendrier (502). — xiii s.

13155-13157 Bible. xiii s. Peintures.

13158 Les Nombres, avec glose. xii s.

13159 Psautier. Vers 795. Peintures.

13160 Psautier en notes tironiennes. ix s.

13161 Psautier. xvii s.

13162 Psautier. xvii s.

13163 Copie du psautier de S. Germain (n. 11947), faite en 1560 par J. du Breul.

13164 Psautier avec notes hébraïques. xvii s.

13165 La Sagesse et l'Ecclésiastique, avec glose. xii s.

13166 Tobie, Judith, Esther et Ruth, avec glose. C^t du xiii s.

13167 Esdras et Nehemias, avec glose. C^t du xiii s.

13168 Nouveau Testament. xiii s.

13169 Version italique des évangiles. x s.

13170 Évangiles. xii s.

13171 Évangiles. ix s.

13172 Évangile de S. Mathieu. — Traité de Paschase sur l'eucharistie (37 et 127 v°). — Commentaire sur

S. Mathieu (44). — Homelia b. Leonis (125 v°). —
xii s.

13473 Évangile de S. Jean, avec glose. xii s.

13474 Actes des apôtres; épîtres de S. Jacques, S. Jude,
S. Pierre et S. Jean; apocalypse. x s. — Épitaphe
de l'abbé Ratolde (139).

13475 Épîtres canoniques, avec glose. xii s.

13476 Apocalypse, avec glose. xii s.

13477 Commentaire sur une partie de l'ancien Testament.
xvi s.

13478-13482 Traités sur l'Écriture sainte. xvii s.

13483 Extraits de la Bible par le président Séguier. Fin du
xvi s.

13484 Ex Gaspare Sanctio in Ezechielem. xvii s.

13485 Gloses sur les livres historiques de la Bible. xiii s.

13486 Notes de Génébrard sur le Pentateuque. xvi s.

13487 Explication dialoguée de la Genèse et de l'oraison
dominicale (62). — Commentaire d'Alcuin sur la
Genèse (65). — ix s.

13488 Raban sur la Genèse. — Sur l'Exode (17), le Lévitique
(52), les Nombres (76), le Deutéronome (94 v°), etc.
xii s. — Extrait des Vies des Pères (110). xiii s.

13489 Sur les psaumes. ix s.

13490 Sur les psaumes. xii s.

13491 Sur les psaumes. — Fragments et extraits sur l'Écriture (44). — Traité de mythologie (60). — Gloses
latines et françaises (78). — Gloses sur l'Énéide
(79). — xii et p. e. xiii s.

13492 Pierre Lombard sur le psautier. xiii s.

13493 Moralités sur divers passages des psaumes. xiii s.

13494 Notes de Simon Bougis sur les psaumes. xvii s.

13495 Sur les psaumes pénitentiaux. C¹ du xvi s.

13496 Sur le Cantique des cantiques. ix s.

13497 Moralitas a Guleberto composita super Cantica canticorum. xiii s.

13498 Sur le Cantique des cantiques. xiii s.

13499 Commentaire de l'abbé Robert sur le Cantique. 1677.

13200 Commentaire de Raoul de Flai sur le Cantique.
xvii s.

13201 Commentaire sur Ruth et le Deutéronome. xii s.

13202 Traité de Hervé de Déols sur la vision d'Ézéchiel. xvii s.

13203 Abbonis monachi flores evangeliorum. Vers 1200.

13204 Fragment sur les Éthiques d'Aristote.— Commentaire de Hugues de Saint-Cher sur S. Marc (9), et S. Mathieu (54).— Commentaire sur le livre de la Sagesse (17). xiii s. — Évangile de S. Mathieu, avec glose (101). xii s.

13205-13206 Nicolas de Lire sur les évangiles. xv s. Pap. et parch.

13207 Questions sur les évangiles, attribuées à Guill. de Nottingham. xv s.

13208 Sur l'évangile de S. Jean. — Exposition du Symbole par S. Fulgence. — ix s.

13209 Sur l'évangile de S. Mathieu. xii s.

13210-13211 Commentaires de Renaud Gibon sur S. Luc. xvi s.

13212 Harmonie des évangiles. xii s.

13213 Jo. Tinerel Bellerophon harmonia evangelica de Christo patiente. xvii s.

13214 Alphonsi Thostati expositio in evang. Matthæi. xvi s.

13215 Postilles sur les épîtres canoniques. xv s.

13216 Sur les épîtres de S. Jacques et de S. Paul. xvi s.

13217 Expositio Berengaudi in Apocalipsin. — Liber Lanfranci de corpore et sanguine Domini (166).— xii s.

13218 [Honorii August.] liber de divinis officiis. xii s.

13219 [De divinis officiis.] — Tractatus Odonis Camerac. de canone altaris. — Arnulfi Lexov. epistole. — xii s.

13220 Lectionnaire et antiphonaire de S. Martial de Limoges. Notation en neumes. x et xi s. — Vies de saints : Augustinus, auct. Possidio (97), Clemens (82 v°), Genulphus (60 v°), Laurentius (91), Lucia et Geminianus (44), Martialis (52), Savinus, auct. Aimoino (20 v°), Syxtus (89), Ursinus (13). — — Sermo Ambrosii Autberti (136). — Extraits des Pères : Prosper (153, 168), Faustin (156), Augustin (159 v°), Césaire (170 v°), Origène (172), Ephrem (173 v°), Jérôme (182). — Martyrologe (196 v°).

13221 Bréviaire de Corbie. xii s.

13222 Bréviaire et missel de Corbie. Documents sur les reliques de Corbie (114). Ct. du xiv s.

13223 Bréviaire de S. Maur. xii s.

13224 Bréviaire de S. Germain des Prés. xiii s.
13225 Parties de bréviaire et de missel. xiii s.
13226 Bréviaire de S. Maur. xv s.
13227 Bréviaire. xv s.
13228 Recueil de capitules et de collectes. Fin du xii s.
13229 Office noté de la Fête-Dieu. xiv s.
13230 Bréviaire d'une église de Normandie. C'. du xiii s.
13231 Bréviaire. xiii s.
13232 Office noté de la Fête-Dieu. xiv s.
13233 Bréviaire de Paris. xiv s. Peint.
13234 Bréviaire mozarabique. xv s.
13235 Psautier, office de la Vierge, des morts etc. xiii et xv s.
13236 Bréviaire romain. xv s.
13237 Diurnale ad usum ecclesie Trecensis. xv s.
13238 Bréviaire de la Sainte-Chapelle. xv s.
13239 Bréviaire de S. Germain des Prés. xiv s.
13240 Bréviaire de Chartres. xv s.
13241-13242 Bréviaire de l'abb. de Troarn. xv s.
13243 Bréviaire de Séez. xv s. Peintures.
13244 Bréviaire romain. xv s.
13245 Versicularius ad usum S. Germani a Pratis. xvii s.
13246 Sacramentaire gallican. — Pénitentiel (286 v°). — viii s.
13247 Missel de S. Maur. xiii s.
13248 Fragment de missel. xiii s.
13249 Missel des principales fêtes et rituel. xv s.
13250 Évangeliaire du ix s. auquel on a ajouté dans les marges, au xii s., les autres parties de la messe.
13251 Épitres et évangiles. xi s.
13252 Tropes, kyrie, gloria, proses, séquences etc., avec neumes. C'. du xii s.
13253 Graduel. xiv s.
13254 Graduel. xiii s.
13255 Graduel. Fin du xiii s.
13256 Processionnal. 1544. Parch.
13257 Processionnal de S. Germain des Prés. xvi s.
13258 Processionnal écrit par Jacq. du Breul. xvi s.
13259 Messes du nom de Jésus, de S. Joseph etc. xvi s.
13260 Livre d'heures commençant par le psautier. Fin du xiii s. Peint.

13264-13312 Heures du xv et du xvi s. avec peintures. Le n. 13268,
à l'usage de Tours; le n. 13303, à l'usage du Mans;
le n. 13310, à l'usage de Tournus. En tête du
n. 13285, calendrier anglais.

13313 Pontifical de Trèves. xi et xii s.

13314 Cérémonial du sacre des rois de France. xvi s. Parch.

13315 Pontifical, à la fin duquel est une charte de Hugues,
abbé de S. Germain des Prés, en 1179. xii s.

13316 Ordinaire de S. Germain des Prés. xv s.

13317 Rituel de S. Maur. xiii s.

13318 Cérémonial de Chezal-Benoît. xvi s.

13319 Cérémonial de Chezal-Benoît, et matricule des moines
de la congrégation de Chezal-Benoît. 1601.

13320 Même cérémonial, précédé d'un hymne de Henri
Moyphet, moine de S. Germain etc. xvi s.

13321 Même cérémonial, suivi de la matricule. xvii s.

13322 Cérémonial et statuts de Chezal-Benoît. xvi s.

13323 Cérémonial de S. Germain des Prés. xvii s.

13324-13325 Extraits des conciles. xvii s.

13326 Synodale cathedralis ecclesie Tutellensis, compositum
per Guillelmum. — Constitutiones concilii provincialis Bituricensis (100 v°). — xv s.

13327 Synodale compositum per Guill., Caturc. episcopum.
— Constitutiones concilii provincialis Bituric. (116
v°). — Synodale ecclesie Tutellensis (127 v°). —
xv s.

13328 Statuts synodaux du Mans. xv s.

13329 OEuvres de S. Clément. xii s. A la fin, chartes de
Charlieu.

13330 Traités de S. Cyprien. xv s. Pap.

13331 De singularitate clericorum. — Gaudentii tractatus
(35). — Innocentii epistola ad Aurelium etc. (120).
— Tractatus S. Hilarii [de Synodis] (122). — xi s.

13332 Extraits d'Eusèbe et autres pères. xvii s.

13333 I. Omelie Eusebii. — Sermo Fausti (30). — Liber
S. Augustini de patientia (35). — Desolatio
Jherosolime secundum Egysippum (45 v°). —
xii s.

II. De officiis divinis (57). — Tractatus J. Belet de
officiis ecclesiasticis (77). — Meditationes b. Ber-

nardi (426). — Lotharii liber de vilitate humane
conditionis (436). — xiii s.

13334 Altercatio Athanasii contra Arrium, et sententia
judicis Probi (39 v°). — [G. de Conches comment.
in Boetii consol.] (45). — [De arte didascalica] (52).
— [Veteris Testamenti chronologia] (55 v°). —
xii s.

13335 Optati libri septem. xv s.

13336 Ambrosii hexameron, et sermo in festivitate S.
Mathiæ (89 v°). xi s. — Aratoris historiæ apostolicæ (92). x s. — Miracula b. Mariæ (115).
xiii s.

13337 Ambrosii exameron. 1333.

13338 Ambrosii exameron. xv s.

13339 S. Ambroise sur S. Paul. x s.

13340 Tractatus S. Ambrosii de officiis. — Cicero, de officiis (117) et de senectute (203). — xii s.

13341 Ambrosii liber de officiis. xv s.

13342 Sermo S. Ambrosii de fuga seculi. — [Remigii Autiss.]
glosæ in epistolis Pauli. — Fragments de divers
pères.— xii s.

13343. S. Ambrosii liber de misteriis. — Augustini liber
unde malum (14).— Aug. liber contra Felicianum
(24). — [Hildeberti versus] (37 v°). — Aug. liber
de vera religione (41). — Ejusdem enchiridion
(68). — xii s.

13344 S. Ambr. contra Novatianum. — Liber b. Johannis
de similitudine carnis peccati (37 v°). — Testi-
monia adversus Pelagium (61) — S. Aug. de
prædestinationibus (69 v°), et de decem chordis
(80). — ix s.

13345 I. Omelie S. Johannis Chrysostomi. — [Invectiva in
mores seculi] (28 v°). — Martiniani exercitationes
(33). — Epistola Hierosolimitani patriarchæ ad
occidentalem ecclesiam (71 v°). — Versus de
S. Nicholao (72 v°). — Vita et translatio SS. Saviniani et Pot. (73 v°). — xii s.

II. Vitæ vel mirac. SS. Dionisii (88 v°), Gregorii pape
(117), Medardi (131 v°), Gildardi (142), Sebastiani
[præfixa epistola Rodoini] (150), Taurini (185),

Marci (498 v°), Filiberti (200 v°). x et xi s. — Chartes
mérovingiennes de Rebais (246). xiii s.

13346 S. Joh. Chrys. de reparatione lapsi. — S. Laurentii
libri duo (49). — Expositio super orationem domi-
nicam (84). — De orthographia (86 v°). — S. Augustinus in epist. S. Johannis (89 v°). — ix s — Ex
libro prognosticorum Juliani (413 v°). xi s.

13347 Hieronymi questiones in Genesim, et ex libro locorum (45). viii s. — S. Johannis Chrys. homeliæ
(56). ix s.

13348 Hieronymi questiones Geneseos. — Ex libro locorum
(43). — [Eucherii epist. de locis sanctis] (64). —
Hieronymi epist. ad Niceam (69 v°), ad Castorinam
(72), ad Evangelum (72 v°). — Versus Constan-
tinæ (78) et Damasi (78 v°). — Sententia cujusdam sapientis (79). — Ex dictis S. Ephrem (89).
— S. Methodii sermo (94 v°), cum præfatiuncula
Petri monachi (93 v°). — viii s.

13349 S. Hieronimus in Ecclesiasten. viii s.

13350 S. Hier. in Ecclesiasten. — Tractatus Origenis in
Cantica Cant. (75). — Origenis planctus de seipso
(92 v°), et omeliæ de Balaham et Balach (95). — xii s.

13351 S. Hieronimi expositio in epistolam S. Pauli ad
Ephesios. x s.

13352 Altercatio Attici et Cretoboli, cum prologo Hieronimi.
x s.

13353 Hieronimi liber contra Jovinianum. xiii s.

13354 Même ouvrage. ix s.

13355 Extraits des lettres de S. Jérôme. xiii s.

13356 Extraits de S. Jérôme par Etienne Rivière. xvi s.

13357 Extraits de S. Jérôme. xvi s.

13358 S. Augustinus, de gratia novi Testamenti, de utilitate
credendi (31), de proverbiis Salomonis (52). ix s.

13359 S. Augustinus, de doctrina christiana. ix s. — En
tête, sermons sur S. Pierre. xii s.

13360 S. Aug., [de utilitate credendi, de gratia novi Testamenti (30 v°), de natura boni (69 v°), de octo
quæstionibus (89 v°). ix s.

13361 S. Aug. de libero arbitrio, de immortalitate animæ
(64). xi s.

13362 S. Aug. de cathecizandis rudibus. ix s.

13363 S. Aug. de baptismo. ix s.

13364 S. Aug. liber de timore Domini, et varie homelie.
xiii s.

13365 S. Aug. de agone, de disciplina christiana (16), de
vita christiana (22 v°), de gratia novi Testamenti
(36). xi s. — A la fin, fragments de rouleau mortuaire.

13366 S. Aug. de mendacio, et epistolæ (46). ix s.

13367 S. Aug. de opere monachorum, de fide et operibus
(39 v°), contra Donatistas (78), de bono virginitatis
(126), de bono conjugali (166 v°), de bono vidui-
tatis (195 v°). Sermones de symbolo (219 v°) et de
oratione dominica (224 v°). — Ex historia Josippi
(235 v°). — vi s.

13368 S. Aug. regula et sermo (5). — Decreta (9). — S. Aug.
de natura animæ (24). — Extraits des pères (40).
— Petri Abælardi [dialectica] (128). — Rabanus
super Terentium (225). — In psalmos (282). — xii s.

13369 S. Aug. academicorum libri tres, de ordine (55 v°),
de natura et origine animæ (80), contra Arrianos
(115), de quantitate animæ (144). ix s.

13370 S. Aug. contra epistolam Parmeniani. — S. Ambrosius de penitentia (49). — xii s.

13371 Collatio b. Augustini cum Pascentio habita. — Epistola Flori contra Amalarium (22). — [Ejusdem]
opusculum de causa fidei (33 v°). — Ex dictis
b. Gregorii Nazanzeni (60). — Liber S. Athanasii
de observatione monachorum (68). — Theodemari
abbatis epistola ad Karolum imp. (79 v°). — Bre-
viarius lectionum per annum secundum Clunia-
cum (87). — x s.

13372 Copie faite au xii s. de la plupart des traités contenus
dans le ms. 13373, et de plus : epistola Jesse de
ordine baptismi (94).

13373 Questiones Orosii et responsiones S. Aug. — Albini
questiones in Genesim (84 v°) et epistolæ (90) etc.
— Benedictiones (96 v°). — Epistola Karoli Magni
ad Albinum (102 v°). — De X verbis legis (104). —
De computo (105 v°). — Exameron Bede (108). —

De concordia testimoniorum S. Gregorii (132 v°).
— De mensuris (145). — ix s. — Au c¹ et à la fin,
fragments d'un graduel noté en neumes. xii s.

13374 Sermones. — Questiones Orosii a b. Augustino exposite (51). — Magistri Egidii ordo judiciarius (66).
— Jacobi de Lusanna sermones (124). — xiii et xiv s.

13375 Augustini liber de arte musica. ix s.

13376 Sermons et opuscules de S. Augustin. En tête,
fragment sur S. Gervais. ix s.

13377 Sermones S. Aug. (1 et 12 v°). — Passio S. Demetrii
(2). — Sedulii carmen paschale (16), cum versibus
Beliesarii (54). — Prosperi epigrammata (56 v°). —
Liber Bedæ de arte metrica (83). — De schematibus
(101). — Dialogus inter Franconem et Saxonem,
auct. Albino (107). — Glossarium (135) — Exempla
de communibus syllabis (149). — Oratio Eugenii
episcopi (149 v°). — ix s., sauf les f. 1-15 qui sont
du xii s.

13378 Homélies de S. Augustin et d'autres pères. ix s.

13379 S. Augustini meditationes. xv s.

13380 S. Augustini confessiones. xii s.

13381 Extraits de S. Augustin, attribués à Eric d'Auxerre.
ix s.

13382-13383 Extraits de S. Augustin. xvii s.

13384 Collations de Cassien. ix s.

13385 Salvien. ix s.

13386 Tractatus Peregrini [Vincentii Lirin.] contra here-
ticos. — Epistulæ Pascalis Theophili episcopi
(42 v°). — Epistula Epyfanii (98). — Epistula
S. Hieronimi (98 v°). — Homilia S. Augustini
(100 v°). — Johannis [Scoti] liber de prædestinatione (103). — Prisciani solutiones eorum de
quibus dubitavit Chosroes (160). — Libellus sacer-
dotalis quem Lios monocus heroico metro com-
posuit (208). — viii et ix s.

13387 Omelie Valeriani et S. Augustini (51 v°). — x s.

13388 Confessio S. Fulgentii. Orationes, ymni, cantica et
litaniæ. ix s.

13389 Opus Primasii de hæresibus. xvii s.

13390 Primasii expositio de apocalypsin. ix s.

13391 B. Gregorii explanatio in Hiezechihel. xi s.

13392 B. Gregorii homiliæ in evangelia. xii s. Peint.

13393 B. Greg. liber pastoralis. ix s.

13394 Même ouvrage. ix s. A la fin, liste de quelques serfs
de S. Germain-des-Prés.

13395 Isidorus super Pentateuchum, etc. xii s. A la fin,
fragments de rouleau mortuaire.

13396 Isidori liber ad Florentinam. — Ejusdem sermones
(72 v°). — Sermo S. Augustini (78). — Cæsarii
homeliæ (82). — Autperti homelia (94). — ix s.

13397 Isidori libri officiorum, et de summo bono (60). ix s.

13398 Isidori sententiæ. x s.

13399 Isidori sententiæ. xii s.

13400 Juliani liber prognosticos futuri sæculi, cum epistolis
Idali (59), Cyricii (64 v°), et Hildefonsi (63). —
Prosperi (1. Juliani) liber de vita contemplativa
(65). — ix s.

13401 Beda in Genesim. x s.

13402 Beda in Proverbia. x s.

13403 Bedæ liber de ratione temporum. — Notitia provin-
tiarum (110 v°). — De medicina (113). — ix s.

13404 Liber scintillarum. xiii s.

13405 Smaragdi Diadema monachorum. xiii s.

13406 Collecta ex Ruperto abb. ?. xvii s.

13407 Pasch. Ratbertus, de ..pore et sanguine Domini.
xvi s. — Moralium dogma philosophorum (82).
xiv s.

13408 [Haimonis] tractatus pro quattuor ewangeliis. — Admonitio b. Gregorii (105). — Inventio S. Crucis.
(121 v°) — Sermo S. Augustini (126). — ix s.

13409 Haimonis tractatus in epistolas b. Pauli. ix s. — En
tête, la chronique de Hugues de S. Victor. xii s.

13410 Rabani expositio in Matheum. xvi s.

13411 [Rabani] liber de diversis significationibus quarumdam rerum, etc. xii s.

13412 De Facundo. — Lanfranci epistolæ (7). — S. Sedati
sermones (37). — Préface de l'Apparat pour la
Bibliothèque des Pères (42). — xvii s.

13413 S. Anselmi monologion. — S. Greg. in Cantica cant.
(58). — De sanctorum tam novi quam veteris Testa-

menti patrum codicibus, etc. (122). — Concilia
Claromont. (152) et London. (152 v°). —|Proverbia
moralia] (163). — Epist. Henrici imp. de Ricardo,
Angl. rege (169 v°). — Versus Ildeberti de Lavarzin
(208). — xii s.

13414 S. Anselmi monologion, prosologion (27 v°), meditationes (35), de processione S. Spiritus (36 v°), de
fermento et azymo (54 v°), de incarnatione Verbi
(54 v°), de corpore Christi (64), contra respondentem
pro insipiente (76), de conceptione b. Marie (82),
de Assumptione (84 v°), de similitudinibus (87).
xiii s.

13415 S. Anselmi epistolæ et liber de sacramento altaris (50).
xvii s.

13416 Guitberti tropologie in prophetis. — Mag. Hugo super
lamentationes Jheremiæ (119). — xii s.

13417 [Hugonis tractatus] de claustro animæ. xii s.

13418 Apologeticum Bernardi abbatis. — S. Gregorii homilie
(4 v°). — Comment. in sacram scripturam (4 v°). —
S. Bernardi epistole (67 v°). — Sententie super
Genesim (74 v°). — Sermo S. Bernardi in Missus
est angelus (82). — De 'gradibus humilitatis (92).
— Hugonis soliloquium (98). — De septem diebus
(106). — De nominibus hebraicis (114). — xii s.

13419 Sermons de S. Bernard et de Nicolas, moine de Clairvaux. xii s.

13420 Sermons de S. Bernard. — Lettres de Pierre de Blois
(3 v°). — Summa mag. Prepositini (9). — xiii s.

13421 Tractatus b. Bernardi de laudibus virginis. — Mensa
pauperum (74). — Manuale Augustini (122). — xv s.

13422 Divers traités de Hugues de S. Victor. xii s

13423 [Hugonis de S. Vict.] liber I de sacramentis. xii s.

13424 Allégories de Hug. de S. Victor. — Histoire évangé-
lique de Pierre le Mangeur (73). — xiii s.

13425 Hug de S. Vict. tractatus de ligno et libro vitæ. xiv s.

13426 Hug., Rotom. archiep., tractatus de summo bono, et
super Genesim (58). xii s.

13427 Ejusdem liber de heresibus. xii s.

13428 Expositio abbatis Joachim super Jheremiam. — Liber
ejusdem de oneribus provinciarum (79). — xv s.

13429 Expositio orationis dominice [auct Phil. de Eleemosina]. 1470. Pap.

13430 Innocentii III liber de contemptu mundi. — Testamentum XII patriarcharum (50). — xiv s. Les gardes du ms. sont formées de fragments d'un acte relatif à la commune de Pontoise

13431 Innocentii III liber de contemptu mundi. — De eruditione principum libri octo. — xiv s.

13432 Sermons d'Innocent III et d'autres auteurs. — Ex libris Tranquilli de vita Cesarum (29). — Divers traités de Richard de S. Victor (57). — xiii s.

13433-13434 [Petri Cantoris Verbum abbreviatum]. xiii s. — A la fin du ms. 13434, vers sur Simon, abbé de S. Germain-des-Prés (88 v°); liber H. monachi de penis purgatoriis, ad H. abbatem de Sartis (94).

13435 Sententie mag. Petri Pictavensis. xiii s.

13436 [Thome Cantipr.] Bonum universale de apibus. — S. Basilii liber de laude celle (292). — xv s. Pap.

13437 Petri de Aquila expositio super Sententias. xiv s.

13438 Opuscules de Nicolas de Clémangis. xvii s.

13439 Amadei apocalipsis nova. xv s. Pap.

13440 Extraits des Pères et homélies. — S. Columbani epistola (97). — ix s. Écriture lombardique.

13441 Alique ex sanctorum patrum intexte interrogationes simulque solutiones propter conpendium manuali. x s.

13442 Extraits des pères, sermons, fragments sur l'Écriture. — Exposition d'Haimon sur le Cantique (115). — xii et xiii s.

13443 Extraits des pères et sermons. xii s.

13444 Extraits des pères. Liber Lotarii de vilitate humane conditionis (69). — xiii s.

13445 Copies et extraits d'ouvrages de S. Ambroise, S. Augustin, Anselme de Laon, Pierre de Chelle, Jean d'Abbeville, Etienne de Laon, Aelred, Mathieu de Vendôme, S. Anselme, R. Fretel, etc. xvii s.

13446 Liber anthieresis. xiii s.

13447 Compendium theologice veritatis. — Dictamen [de moribus clericorum] (241 v°). — Règles du contrepoint (246 v°). — xv s. Pap.

13448 [De fide et caritate]. xii s.

13449 Petri Baronis Stempani libri duo de præstantia et dignitate divinæ legis. xvii s.

13450 Mens concilii Tridentini circa gratiam efficacem et scientiam mediam. xvii s.

13451 Dialogue entre Pierre et Gilles sur les sacrements. xv s. Pap.

13452 Theodori canon, ex cod. Cantabrig. 1670.

13453 De penitentia (1 et 15). — De eucharistia (3). — De S. Maria (5). — Confessio sacerdotis vel clericorum (14). — xii s.

13454 Liber penitencialis Roberti de Flamesborc. — [Hugonis de S. Vict.] allegorie (49). — xiii s.

13455 Libri penitentiales Petri Pictavensis et Rob. de Flammesburc. (25). — xvii s.

13456 Bartholomei, Exon. episcopi, liber penitentialis. — De xii abusionibus claustri (65). — Liber de claustro anime (82). — xiii s.

13457 Questiones de penitentia. xvi s.

13458 Cas de conscience par François de la Faluère. xvii s.

13459 Traité sur l'eucharistie, par un docteur de Lubeck. xv s. Pap.

13460 Jo. de Fraxino, de eucharistia. 1528.

13461 [Eruditio prælatorum per analogiam ad oculorum proprietates]. xv s. Pap. — A la fin, deux feuillets d'un ms. de grammaire du xiii s.

13462 Ludovici de la Rue dissertatio de petitione sacerdotii. xvii s.

13463 Enchiridion ordinandorum. xvii s.

13464 Sur l'Immaculée-Conception. — Sur l'intention du ministre du sacrement, etc. (25). — xvii s.

13465 Jo. Philib. Oudin Antichristus. xvii s.

13466 Summa mag. Raigmundi. — Tancreti summa matrimonialis (109). — xiii s. Entre autres additions, Quodlibet a fratre Huitacio determinatum (127).

13467 [Summa Raimundi.] — Summa de matrimonio (133). — xiii s.

13468 Summa Raimundi. — Summa de confessionibus (32). — Mag. Alanus de miseria mundi (36). — [Questiones de salute] (36). — [Præcepta moralia, proverbia et exempla] (38). — Tractatus mag. Petri Cantoris de penitentia (56). — Liber Senece de copia verborum (72). — Sermones (70). — B. Cesarii sermones (86). — [Varia theologica]. — Somme abrégée en vers latins (121 v°). — Formulaire d'officialité (132). — XIII s.

13469 Summa Raimundi. — Summa de matrimonio (195). — XIII s.

13470 Les mêmes sommes. Fin du XIII s.

13471 Summa de vitiis. XIII s.

13472 [Exempla moralia]. — Solutiones questionum super quartum librum Sententiarum de scriptis fratris Bone Fortune (33). — XIII s.

13473 Summa mag. Gaufridi de Grimovilla. XIV s.

13474 Nicholai de Byard distinctiones. — [Tractatus de mundo, de Christo, de sancto spiritu et de diabolo] (277). — [Exempla moralia] (308). — XIII s.

13475 Sertum florum moralium per quemdam monachum Cisterc. a. 1346 collectorum. — De naturis gemmarum (121). — Senece declamationes ad moralitatem reducte (130 v°). — De vita et moribus philosophorum (143 v°). — XV s. Pap.

13476 Questions sur les vœux. XVII s.

13477 Notes sur les mystères de la religion. XVII s.

13478 Notes sur la théologie. XVII s.

13479-13498 Théologie, d'après S. Augustin, par le P. des Mares. XVII s.

13499-13569 Cahiers de théologie, modernes.

13570 Homélies de S. Jérôme, S. Isidore, S. Léon, S. Fulgence, S. Maxime et S. Jean Chrysostôme. XI s.

13571 Homélies, extraits des Pères et explication de la messe. XIII s.

13572 Sermons attribués à Hildebert. — Quostiones Orosii LXV a b. Augustino exposite (15). — [De octo vitiis] (28). — Fin du XII s.

13573 Sermo b. Roberti, Lincoln. ep., ad religiosos. XVII s.

13574 Sermones Mauricii, episc. Parisiensis. XIII s.

13575 Sermons sur l'oraison dominicale. — Sur le symbole (41 v°). — Lettres de Lanfranc et de S. Anselme (44). — Liber scintillarum (58). — XIII s.

13576 Sentences de Pierre de Poitiers. — Glose sur le symbole de S. Athanase (129). — Livre appelé Quare (140 v°). — [Hug. de S. Vict.] Speculum ecclesie (154). — XIII s.

13577 Sermons. XIII s.

13578 Sermons. XIII s.

13579 Sermons de Nicolas Biard. XIII s. — En tête fragment d'un calendrier du XI s.

13580 Somme de Jean d'Abbeville. XIII s.

13581 Sermons et sujets de sermons. XIII s.

13582 Sermons, dont plusieurs attribués à Pierre le Mangeur. — Sur la pénitence (71 v°). — Sur l'oraison dominicale (74). — Fragments de grammaire, avec gloses françaises (160 v°). — Extraits de Stace, Lucain, Virgile, Horace, Claudien, Prudence, Tibulle et Ovide (164). — Sermo mag. Huld. (182). — XIII s.

13583 Sermons. XIII s.

13584 Sermons. XIII s.

13585 Notes sur le contenu des livres de la bible et sur les sentences de Pierre Lombard (40 v°). — Dominicales fratris Guidonis (51 v°). — XIV s. — A la fin, fragment d'un compte.

13586 Sermones mag. Gaufridi Trecensis, [S. Bernardi] (93), etc. — De claustro anime (167). — [Versus pii] (206). — De testamentis XII prophetarum (208). — XIII s.

13587 Sermons et anecdotes à l'usage des Prédicateurs. XIII s.

13588 Sermons. XV s. Pap.

13589 Petri Pariseau sermones. — De Romanis pontificibus (190). — XVI s.

13590-13591 Sermons. XVI s.

13592 Excerpta ex homiliis Lanuzæ. XVII s.

13593 [Reclinatorium anime.] XII s.

13594 Traité ascétique. — Sur les heures canoniques (40), et le canon de la messe (47). — Ammonitio b. Basilii (55 v°). — Sermo S. Jeronimi (72). — Sententia S. Johannis Ysaurie provincie (76 v°). — Sententie S. Ysidori (79 v°). — Expositio fidei

(82 v°). — Ammonitio scripta de libris antiquorum patrum, etc. (87 v°). — Regula S. Augustini (124 v°). — xiii s.

13595 [De claustro anime.] — [Ebrardi Grecismus] (49). — [Index episcopatuum] (408 v°). — xiv s.

13596 Livre de l'Imitation de J. C. et divers traités de piété de Thomas à Kempis. xv s.

13597 Johannis Gerson libellus de imitatione Christi. 1460.

13598 Livre de l'Imitation. xv s. Pap.

13599 Livre de l'Imitation. xv s.

13600 Liber interne consolationis. — Visio quedam penarum infernalium et celestium gaudiorum (158). — xv s. Pap.

13601 Johannis Gersen liber de imitatione Christi. — xv s. Pap.

13602 De imitatione liber I. — Disputatio inter quemdam priorem ordinis Predicatorum et spiritum Guidonis (33 v°). — Cordiale (57). — Epistola S. Bernardi de forma honeste vite (153). — Confessio b. Bernardi ad novitios (159). — Speculum peccatorum (161). — De defectibus occurrentibus in missa (173 v°). — De sacramento altaris (188). — xv s. Pap.

13603 Liber Jo. Gersen de imitatione Christi. xv s. Pap.

13604 De imitatione spiritualis vite. — Divers traités ascétiques. — De imitatione Christi (120). — xv s. Pap.

13605 Mélanges ascétiques. — Visio Tugaldi (80). — Visio Mugdalus de situ Hybernie (81). — Mistica theologia Hugonis de Palma (101). — Tractatus Johannis de Canabato de imitatione Christi (155 v°). — Notabile de missa editum per Steph. de Spanbergk (233). — De consolatione theologie, auct. Joh. de Tambaco (248). — Compendium Hugonis de meditatione (342 v°). — Responsio Johannis de Paloniar (356 v°). — Epistola Humberti ad religiosos (403 v°). — Soliloquium Richardi de S. Vict. (434 v°). — In Brittannia Anglorum memoriale factum (444). — Ex mag. Nicolao Duikespuchl. (448). — Alberti Magni tractatus de veris virtutibus (472 v°). — Anselmi meditationes (512). — Letania fratris Alberti (606 v°). — xv s. Parch. et pap.

13606 Traités sur les quatre fins et la pénitence (127 v°).
xv s.

13607 Compendium artis bene moriendi. xvii s.

13608 Smaragdi Diadema monachorum. — [Ex vitis patrum]
(127). — xii s.

13609 Liber eruditionis religiosorum [auct. Guillelmo
Peralti]. xiv s.

13610 Même ouvrage. xv s. Pap.

13611 Epistola fr. Hymberti de tribus votis. — Speculum
aureum anime peccatricis (20). — Jo. Gerson
tractatus super materiam celebrationis misse
(52 v°). — Divers traités de piété. — xv s. Pap.

13612-13631 Traités de piété, mélanges ascétiques, etc. xvii et
xviii s. Le n. 13617 est de Gilleson; les n°s 13619
et 13620, d'Athanase Mangin; les n°s 13621 et
13624, de Marcelin Ferey; le n. 13622, de Simon
Bougis; le n. 13628, de François Rakoczy.

13632 J. B. Catansariti disputationes contra euchologium
Græcorum. xvii s.

13633 Traité sur l'eucharistie par un ministre de Charenton.
xvii s.

13634 Recueil sur les hérésies. — Sermons. — xvii s.

13635 Ex censura Bellarmini. — Admonitio ad Fr. Hoto-
manum. — Ad J. Grovellum admonitio M. A.
Guymaræ Ferrariensis. — xvii s.

13636 Commentarii biblici et polemici. xvii s.

13637 Solutio argumentorum quæ objiciuntur a Calvinistis
et Lutheranis. xvii s.

13638 Censuræ facultatis theologiæ Paris. averruncus. xviis.

13639 Recueil sur diverses questions agitées au xvii s. :
censure du livre du P. Santorel; circonstances de
la vie de S. Grégoire et de Bède; le Liber diurnus
du P. Garnier.

13640 Apologia Mich. Baii. 1676.

13641-13642 Mélanges sur le jansénisme. xvii et xviii s.

13643 Traités de N. de Lire contre les Juifs. — Questions
de Durand de Saint-Pourçain, sur l'origine des juri-
dictions (73 v°). — xiv s.

13644 Samuelis de Seth epistola, de arabico in latinum
translata ab Alfunso Boni Hominis. V. 1500. Pap.

13645 Même opuscule. xv s. Pap.

13646-13654 Notes et mélanges de théologie. xvi, xvii et xviii s. Le n. 13646 est de D. Luc d'Achery, et le n. 13652 de Louis Boudan.

13655 Collection de canons, en trois livres, précédée d'une lettre de Magnus sur le baptême et d'un traité sur la pénitence. x s.

13656 Recueil de canons et de décrétales. xii s.

13657 Recueil de canons. — Notice des provinces (123). — xi s.

13658 Recueil de canons. xii s.

13659 Extraits des canons. Abrégé du Pentateuque (33). xii. s. — Sermons de Maurice de Sully (44). xiii s.

13660 Ivonis Carnot. pannormia. xii s. — A la fin, lettre d'Honorius III, pour R. archidiacre d'Evreux.

13661-13663 Commentaires de Dartis sur le Décret, etc. xvii s.

13664 Décrétales de Grégoire IX. xiii s.

13665 Cas des Décrétales par Jean de Dieu. — Ordre judiciaire de Tancrède (137). — xiii s.

13666 Commentaires sur les Décrétales. xvi s.

13667 Tables des Décrétales, du Décret (88), de la Somme de Raimond (141). — Aureum confessorium et memoriale sacerdotum (231). — C{t}. du xiv s.

13668-13669 Exemplaire annoté des Paratitla in v libros Decretalium, auct. Al. Chassanæo. 1640.

13670 Novæ constitutiones Innocentii IV. xiv s.

13671 Lettres de Clément IV. xiv s.

13672 Parties 1-7 d'un traité sur les procédures canoniques, divisé en douze parties. — Opus secundum Jacobum de Baldoino quibus casibus non offertur libellus (126). — Summula de libellis formandis (131 v°). — Breviarium ad omnes materias in jure canonico inveniendas (146). — xiii s. Au commencement, on a ajouté des lettres d'Alexandre IV, une ordonnance de S. Louis, et des pièces sur l'élection de qq. abbés ou abbesses de Normandie.

13673 Dur. de S. Porciano de jurisdictione ecclesiastica et regia. xvi. s.

13674 Traité de Guill. Turpin, sur les censures. xvii s.

13675-13676 Recueil sur le tribunal du saint office. 1664.

13677-13678 Extraits des Décrétales etc. xvii s.

13679 Extraits du Code théodosien. xvii s.

13680 Leçons de Cujas. 1590.

13681-13682 Leçons de Pilaguet, de Viron et de Remberg sur le Code. 1570.

13683-13684 Notes de Séguier sur le droit romain. xvi s.

13685 Abrégé des Institutes. xvii s.

13686 Formules connues sous le nom de Bignon. ix s.

13687 Summa artis notarie, composita a Rollandino. — Notule notarie (76 v°). — Summa Thome de Capua (89). — xiv s.

13688 Summa mag. Rolandini. — Tractatus notularum (111). — [Summa dictaminis, auctore R.] (127). — xiv s.

13689 Notes de droit par ordre alphab. xv s. Pap.

13690 Lexicon utriusque juris, auctore Luciano Lescuyer. xvii s.

13691 Abrégé de droit. xvii s.

13692 Idea juris a J. C. Pacio delineata. xvii s.

13693-13696 Mélanges de droit par Dartis. xvii s.

13697 Extraits juridiques. xvi et xvii s.

13698 Solini liber de situ orbis. xv s. Pap.

13699 Abrégé de géographie. xvii s.

13700 Friculfi historia. — Liber Methodii de principio seculi (144 v°). — Fin du xii s. — A la fin, fragments d'un rouleau mortuaire de 1342.

13701 Histoire de Hugues de Fleury. — Chartes de S. Magloire de Paris (161). — xii s.

13702 Abrégé des Miroirs de Vincent de Beauvais. Fin du xiii s.

13703-13704 Chronique de Guill. de Nangis, continuée jusqu'en 1368. xvi s. — A la fin du t. II, notes sur les châsses de N.-D. de Paris.

13705 Chronique martinienne, s'arrêtant à Benoit XII. xiv s.

13706 Exemples tirés principalement de l'histoire de France. Au commencement, vie de Angelo Cattho, archevêque de Vienne. xvi s.

13707 Notes historiques de Dartis. xvii s.

13708 Vies de jurisconsultes romains par Papyre Masson. xvii s.

13709 Histoire de Justin. xv s.

13710 Historia Alexandri Magni. — Galfridi liber de gestis Britonum (83). — Tractatus rationis et conscientie de sumptione pabuli salutiferi corporis D. N. J. C. (imprimé gothique). — xv s. Pap.

13711 Commentaires de César. xv s.

13712-13717 Extraits de Tite-Live et Tacite. xvii s.

13718 De Romanorum temporibus etc. xvii s.

13719 Médailles du duc de Verneuil vendues au roi. xvii s.

13720 Chronologia a creatione ad nativitatem J. C., auctore Jo. Martin. 1660.

13721 Liber recti, doctoris Tam, in latinum translatus ab Ambr. Janvier. 1654.

13722-13724 Vie de J. C. par Ludolfe. 1462-1473.

13725 Gesta Salvatoris mundi. — Smaragdi Diadema monachorum (25). — Vita S. Eufrosine (164), et S. Marie Egipciace (172 v°). — xv s. Pap.

13726 Poëme de J. B. Tamagninus Venetus sur les papes etc. xvii s.

13727 Sur la primauté du pape. xvii s.

13728 Traité de Laurent Valla sur la donation de Constantin. xvi s.

13729 Liber episcopalis, in quo continentur acta beatorum pontificum urbis Romæ. ix s.

13730 Tome I des Vies des papes d'Avignon, annoté par Baluze.

13731 Conclaves pour l'élection de divers papes etc. xvii s.

13732-13733 Privilège de Constantin, suivi des journaux de Stephanus Infestura etc. — xvii s.

13734-13737 Cérémonial et Journaux d'Alexandre VI. xvii s.

13738 Actes d'Alexandre VI et de Jules II. xvii s.

13739 Journal de Jules II. xvii s.

13740 Décorations, emblèmes, etc., en l'honneur d'Innocent X. xvii s.

13741 Notes et extraits relatifs à l'histoire de la papauté etc. xvii s.

13742 Taxes des évêchés et des abbayes, à l'usage de la cour de Rome. xvi s.

13743 Autre exemplaire du même tarif. xvi s. Parch.

13744 Taxæ ecclesiarum et monasteriorum in libris cameræ apostolicæ. xvii s.

13745 Martyrologe d'Usuard. — Règle de S. Benoit (90 v°).
— Obituaire de S. Germain (457). — Divers documents relatifs à l'abbaye de S. Germain. — ix s. sauf les additions. Peint.

13746 Martyrologe d'Usuard, règle de S. Benoit, leçons et diverses pièces relatives à l'abb. de Conches. xii s. — Règle de S. Benoit, en français (142). xv s.

13747 Martyrologe, avec notes nécrologiques écrites en Picardie. — Règle des chanoines réguliers. — xii s.

13748 Martyrologe bénédictin. xvii s.

13749-13754 Légende dorée. Fin du xiii et xiv s. Six exemplaires.

13755 Sur la dévotion des bénédictins envers la Sainte Vierge. xviii s.

13756 Cassiani collationes. — Liber S. Augustini de agone christiano et expositio simboli S. Rufini (449). — ix s.

13757 Vie et miracles de S. Germain d'Auxerre par Héric. ix s.

13758 Opuscula Adalberti, Aimoini (8) et Odonis (24) de S. Benedicto. — Vita S. Mauri, auct. Fausto (30 v°). — Vita S. Germani Altiss., auct. Constantio (54 v°), cum Mamertini conversione (88 v°). — Miracula S. Germani, auct. Herico (94 v°). — Passio SS. Petri et Pauli (113). — Gregorius Turon., de SS. Petro et Paulo (115), de vita S. Maurilii (116), de S. Cruce (148). — Miracula Maurilii, auct. Hermero (131 v°). — Catalogi praesulum Andegav. Turon. et Carnot. (137). — Vita S. Maurilii auct. Magnobodo (138). — S. Ambrosius, de inventione S. Crucis (146). — Inventio et exaltatio S. Crucis (450, 155 v°). — Inventio S. Stephani (160 v°). — xi s.

13759 Vita S. Martini, auct. Sulpitio. — Vita S. Bricchii (425). — Paulini carmen de S. Martino (427 v°). — ix s.

13760 Inventio S. Crucis. — Passiones S. Vincentii (20), S. Andreæ (46), S. Petri Alexandrini (55 v°), SS. Georgii monachi, Aurelii atque Nathaliæ (59 et 90 v°), innumerabilium martyrum, 3 nov. (83). — Translatio et miracula SS. Georgii et Aurelii, auct. Aimoyno (90 v°). — Inventio et miracula S. Vincentii, auct. Aimoyno (148). — Aimoyni carmen de S. Vincentio (187). — IX s.

13761 Vies de saints. X s. Basilia (100), Basilius (1), Fructuosus (35), Johannes Bapt. (89), Julianus et Basilissa (23), Longinus (97), Marcus evang. (87 v°), Radegundis (65), Romanus monachus (57 v°), Stephanus martyr (50 v°).

13762 Vita S. Viventii. — Smaragdi Diadema monachorum (34). — Recettes médicales et domestiques (181). — X s.

13763 Synodus Mettensis. — Hymnus S. Mariæ (4). — In natale S. Theoderici (5). — Vita b. Charilephi (8 v°). — Vita S. Teuderici (69 v°). — Passio SS. Florentini et Hylarii (80). — Vitæ S. Faronis (109 et 125). — Conversio Othgerii militis (117). — X et XI s.

13764 Vita S. Basoli. — Passio S. Gorgonii (49). — Passio b. Eugenii (60). — Hincmari epistolæ IV (73). — Ordo ad penitentiam etc. (90). — Passio SS. Carysanti et Dariæ (118). — Vita et miracula S. Goaris, auct. Wandalberto (157). — X s.

13765 De S. Turiavo. — S. Augustinus in epist. S. Johannis (7). — Versus Fortunati (47). — Ex registro S. Gregorii (49 v°). — Hymni de S. Leufredo etc. (61 v°). — Ambrosii [fort. Gerberti] sermo pastoralis (62 v°). — Ex libro Augustini de pastoribus (72 v°). — Epistola Isidori de lapsu sacerdotis et reparatione (84). — De oratione dominica (86 v°). — Passio S. Laurentii metrice (87 v°). — Vita S. Leonardi (95 v°). — Passio S. Benigni (104). — Vita S. Pauli Virdun. (122). — Vita S. Vigoris (129). — XI et XII s. Notation musicale en lettres et en neumes.

13766 Vita S. Glodesindis, auct. Johanne abbate. — Vita Johannis, Gorzie abbatis (49). — XI s.

13767 Vita S. Gregorii, auct. Johanne diacono. XI s.

13768 Carmen de mala muliere. — Translatio S. Nicolai (5). — Homilie (25). — XII s.

13769 Passiones b. Petri et Pauli. — Vita b. Maioli (13 v°). — Vita S. Odilonis, auct. Jodsaldo (34 v°). — XII s.

13770 Ouvrages de Sulpice Sévère, de Grégoire de Tours et d'un évêque d'Utrecht sur S. Martin. XII s.

13771 Vita S. Marcialis. — Liber de doctrina b. Stephani Grandimontensis (26). — xii s.

13772 Vies de saints : Anscharius (47), Augustinus (10 v°), Cornelius (103), Crux (32, 43), Cyprianus (104 v°), Egidius (24 v°), Eustachius (88), Hippolytus (100), Laurentius (1), Maria (38 v°), Maria Egyptiaca (115 v°), Nicholaus, auct. Johanne diacono, Nicephoro et Johele (106 v°), Syxtus ep. (97 v°). xii s.

13773 Vies de saints : Andreas (48, 61), Chrysantus (51), Gregorius, auct. Johanne diacono (9), Johannes elemosinarius (64), Nicolaus (54), Valentinus (1), xii s.

13774 Vita S. Gratiani. — Vita S. Eufrosine (7). — Translatio et miracula S. Honorine (10 v°) — Vita S. Launomari (48). — Sermones mag. Petri (26), mag. Mauritii (28 v°), mag. Odonis (31 v°). — Petri Blesensis epistole (34). — Liber Turpini (84). — Miracula S. Jacobi (94 v°). — Sidonii epistole (107). — xii et xiii s.

13775 I. Miracula S. Jacobi. — Dionisii epistola ad Clementem (32 v°). — Passio b. Eutropii (33). — Rhithmus de S. Jacobo (37 v°). — Liber Turpini (38 v°). — Calixtus papa de morte et inventione corporis Turpini (73 v°) — De Altumajore Cordube (74). — De Navarris (75 v°). — De corporibus martyrum qui in itinere S. Jacobi requiescunt (76). — Versus Aymerici Picaudi de Partiniaco (80). — Vita SS. Amici et Aynelii (82). — xii s. — La suite de l'histoire d'Amis est au f. 135 du ms. 14069.

II. Liber mag. Ricardi de signis pronosticis. xv s.

13776 Vita et miracula S. Galterii abbatis. — Adhortationes sanctorum patrum ad profectum perfectionis monachorum (37). — Sermones S. Leonis (84). — xiii s.

13777 Pièces d'un procès relatif à la possession des reliques de S. Eloi. xiii s.

13778 Vies de S. Louis par Geoffroi de Beaulieu et Guillaume de Chartres. xiv s. — Miracles de S. Louis au couvent des dominicains d'Évreux (65) xv s.

13779 Vie et miracles de S. Gilles. xiii s.

13780 Vies de S. Bernard et de S. François (136). — Sur la

châsse de Corbie, appelée Prima S. Petri (128). —
Fin du xiii s.

13781 Vita b. Anne. — Prophetia b. Hildegardis (25). —
Questio determinata a N. de Lira (55 v°). — Opus
fratris J. de Paris, dicti Qui dort, de adventu
Christi secundum carnem (72). — xiv s.

13782 Historia fidelis ancille Ermine. xv s.

13783 Translation des reliques de S. André. xv s. Pap.

13784 Vitæ S. Basoli, et S. Balsemii (52). xv s. Pap.

13785 Panégyrique de S. Augustin par Jean Switzer, suivi
de quelques opuscules de S. Augustin etc. xv s. Pap.

13786 Inventio S. Crucis. — Vita, translatio et miracula
S. Germani Paris. (6). — Pascasii Ratberti liber de
corpore et sanguine Domini (118). — xvi s.

13787 Vita b. Guillelmi, Bituric. archiep. xvi s.

13788 Vie de S. Bernard de Tiron, par Geoffroi le Gros.
xvii s.

13789 Carmen de exaltatione S. Crucis. — Vita S. Faronis
(9, 26 et 64). — Ejusdem vita metrica, auct. Ful-
coio (10 v°). — Vita S. Theobaldi (36). — De SS.
Sanctino et Antonino (45). — Vies de S. Hildevert,
dont l'une en vers français (46 v°). — Vita S. Gis-
leberti (50). — De S. Quintino (52). — De S. Meloro
(53). — Vita S. Celiniæ (65). — xvii s.

13790 Vitæ S. Sigisberti, S. Ursicini (36) et S. Adalgotti
(38 v°). xvii s.

13791 Vita S. Wilfridi, auct. Heddio Stephano. Copie de
Th. Gale.

13792 Vita S. Augustini. xvii s.

13793 Recherches sur les ordres monastiques. xvii s.

13794 Concordia regularum, auct. Hugone Menardo. xvii s.

13795 Regula solitariorum. xvii s.

13796 Règle de S. Benoit. xii s.

13797 Règle de S. Benoit, suivie des constitutions des Céles-
tins. xvi s.

13798 Commentaire de Smaragdus sur la règle de S. Benoit.
xv s. Parch. et pap.

13799 Même commentaire. xvii s.

13800 Commentaire de Hildemar sur la règle de S. Benoit.
Copie de D. Anselme Role.

13801 Commentaire de Richard de S. Ange sur la règle de
S. Benoît. 1354.

13802 Même commentaire. xvii s.

13803 Commentaire de Bernard du Mont-Cassin sur la règle
de S. Benoît. xvii s.

13804 Expositio regule S. Benedicti, secundum Nicolaum (?)
abbatem S. Vincentii, decretorum doctorem, quam
exposuit in monasterio Casinensi sub a. D. 1299.
xiv s.

13805-13806 Exposition de Pierre Bohier sur la règle de S. Benoît.
xvii s.

13807 Commentaire d'Antoine Pocquet sur la règle de
S. Benoît. xvi s.

13808 Constitutions de Benoit XII et de Grégoire IX pour
l'ordre de S. Benoît. xiv et xvi s.

13809 Mêmes constitutions de Benoit XII. 1337.

13810 Forma profitendi sub regula b. Benedicti. V. 1500. Parch.

13811 Compendium chronici Ant. de Yepez. xvii s.

13812 Catalogue des monastères bénédictins etc., par Ans.
Le Michel. xvii s.

13813 Notes historiques sur l'ordre de S. Benoît. xvii s.

13814 Catalogue des monastères bénédictins par A. Le
Michel. xvii s.

13815 Extraits et notes d'Ans. Le Michel. xvii s.

13816-13820 Notes et copies d'Ans. Le Michel et d'autres bénédictins sur diverses abbayes, dont voici la liste :
Vol. 13816. Absie (4). — S. Gilles (14). — S. Aubin
d'Angers (18). — Hautvillers (43). — S. Amant de
Boisse (46). — Aniane (47). — Argenteuil (93 v°).
— Asnières en Anjou (102). — S. Ouen de Rouen
(109). — S. Augustin de Limoges (134). — S. Basle
(159). — Beaumont-le-Roger (178). — S. Benigne
de Dijon (180). — Boscaudon (204). — Breteuil-en-
Beauvaisis (207). — Bourgueil (224). — Charroux
(244). — Chaise-Dieu (244). — Chezal-Benoît (296).
— Cluny (343). — Coincy (382). — Sainte-Colombe
de Sens (386). — S. Corneille de Compiègne (407).
— Conches (441).
Vol. 13817. Corbie (1). — Cormery (15). — S. Arnoul
de Crespy (19). — S. Crespin le Grand (29). —

S. Croix de Bordeaux (39). — S. Pierre de la Cou-
ture (54). — S. Cyprien de Poitiers (73). — S. Denis
(93). — Evron (132). — S. Evroul (158). — Alet
en Languedoc (213). — S. Eloi de Noyon (214). —
S. Eutrope de Saintes (243). — S. Faron (254). —
S. Fiacre (279). — Flavigny (281). — S. Martin de
Tours (289). — S. Florent de Saumur (293). —
Jumièges (329). — S. Georges de Bocherville (375).
— S. Germer (377). — N.-D. de Gournay (401). —
La Grasse (405). — S. Guillelm (437).

Vol. 13818. S. Jean d'Angely (1). — Josaphat (44 et
57). — Moustier S. Jean (41). — Lagny (76). —
S. Lomer (90). — Lezat (112). — Lire (129). —
Maillezais (139). — S. Marcel de Châlon (141 et
151). — S. Pierre de Chalon (145). — S. Martial
(159). — S. Martin de Séez (198). — S. Martin de
Tours (215). — Mauriac (253). — S. Maur sur
Loire (257). — S. Maixent (277). — S. Médard de
Soissons (312). — S. Melaine (320). — S. Nicaise
de Meulan (352). — Mont-S.-Michel (364).

Vol. 13819 : S. Michel de Cluze (1). — Maubec (5). —
Bourgdieu (11). — Montierneuf (35). — S. Nicaise
de Reims (47). — S. Nicolas au Bois (55). — Noaillé (56). — S. Pierre de Chalon (73). — S. Père
de Chartres (77). — S. Pierre le Vif (126). — Pi-
gnerolos (157). — Quimperlé (163). — Reuil (174).
— S. Remi de Reims (183). — S. Remi de Sens
(248). — Rebais (256). — Redon (260). — S. Savin
en Poitou (264). — S. Serge d'Angers (268). —
S. Ciran (293). — Souvigny (303). — Sorèze (317).
— S. Sulpice de Bourges (et 331). — Fleury
(323). — Cornilly (330).

Vol. 13820 : Taimonde (1). — S. Thierri (9). — Tiron
(33) — Tournus (97). — Tulle (111). — S. Wandrille (119). — Vézelay (151). — S. Victor de Marseille (155). — S. Vincent du Mans (187). —
Vendôme (288). — Uzerche (392).

13821 Observations de droit canonique relatives aux monastères. XVII s.

13822 Consuetudines Cartusiensium. — Monita b. Basilii

(129). — Epistola b. Bernardi ad fratres de Monte
Dei (139). — xiv s.

13823 Catalogue des abbayes cisterciennes etc. xvii s.

13824 Bulles de l'ordre de S. Jean de Jérusalem. — Valeur
des commanderies (75). — Taxes des évêchés et des
abbayes (100). — Pièces du pontificat d'Alexandre VI
etc. (172). — Fin du xv et xvi s. Pap.

13825 Règles de S. Albert, patriarche de Jérusalem, et de
S. Étienne de Grammont (48). xvii s.

13826 Règle des religieuses, par Abélard xvii s.

13827 Jacobi de Termis compendium contra impugnatores
exemptionum et privilegiorum, etc. xvii s.

13828 Statuts des Cordeliers. V. 1500. Parch.

13829 Constitutions des Camaldules. xvii s.

13830 Constitutions des Jésuites. xvii s.

13831 Jesuitographia. xviii s.

13832 Recueil d'historiens carlovingiens, par Elie Vinet.
xvi s.

13833 Poème d'Abbon, sur le siége de Paris. x s.

13834 Histoire de Glaber Rodulphus. — Chronique d'Odoran
(47). — xvi s.

13835 Gesta Sugeri. xiii s.

13836 Dernière partie de la compilation historique pré-
sentée à Philippe le Long. xiv s. Peint.

13837 Mémoires pour la justification de Jeanne d'Arc. xv s.
Pap.

13838 Oratio historialis edita a Roberto Blondelli. xv s.

13839 La complainte des bons français, en vers latins et
français, par Robert Blondel. xv s.

13840 Panégyrique de Louis XII, par J. Fr. Suard. xvi s.

13841 Bellum Romanum tempore Francisci I, auct. Jo.
Cano. xvi s.

13842 Vita Gasparis Colinii Castellonii, magni Franciæ
amiralii. xvi s.

13843 De obsidione Rupellæ. xvii s.

13844 Gentis Segueriæ elogium, auct. Fr. Ranch. 1637.

13845 Notes de D. Chantelou sur les abbayes ou églises de
S. Amant de Boisse (1), Aniane (5), S. Chignan (13),
Montieramei (26), S. Augustin de Limoges (30),
la Canourgue (34), Chaise-Dieu (42), la Daurade

(47), Eyssex (104), S. Guillelm (108), S. Hilaire de Carcassonne (120), Joncels (124), Montolieu (128), S. Oriens (132), Psalmody (140), Savigny en Lyonnais (144), S Chaffre (148), S. Tiberi (152), Valbonne (156), S. Victor de Marseille (162), Villemagne (166), Viviers (170).

13846 Réforme de divers monastères français. xvi et xvii s.

13847 Statuts de la congrégation de Chezal-Benoit. xvi s.

13848 Bulles de la même congrégation. xvi s.

13849 Defensorium bullæ congregationis Casalinæ. xvi s.

13850-13856 Différents exemplaires des statuts de Chezal-Benoit. xvi et xvii s.

13857 Matricule des moines de la congrégation de Chezal-Benoit. xvi s.

13858 Constitutions de la congrégation de S. Maur. xvii s.

13859-13861 Annales de la congrégation de S. Maur par D. Joseph Mège. xvii s.

13862 Chapitres généraux de la dite congrégation de 1618 à 1751.

13863-13864 Projet de nouvelles déclarations et constitutions pour la dite congrégation. xviii s.

13865 Règle de Fontevraud. xvii s.

13866 Statuts des chanoines de Livry, Château-Landon et Cisoin. xvi s.

13867 Traité de Louis de Mesplede contre les prétentions de l'Espagne sur la Catalogne. xvii s.

13868 Protocole royal du temps de Charles V et Charles VI.

13869 Notes de D. Chantelou sur les grands feudataires etc. xvii s.

13870 Vies des saints du Berry, etc. xvi s.

13871 Hist. de S. Sulpice de Bourges, par Ch. Le Boyer. xvii s.

13872 Cartul. de l'église de Langres. — Cartul. de S. Benigne de Dijon (145), suivi de l'obituaire (361). — Fondation de l'hôpital de Beaune (385), et divers actes bourguignons. — Sur la chartreuse de Dijon (503). — Cartul. de l'évêché de Chalon (547). — xvii s.

13873 Inventaire des privilèges, des procès-verbaux de visite etc. de Cluny. xvi s.

13874 Coutumes de Cluny et ordinaire de Corbie. xii s.

13875 Coutumes de Cluny, et ordinaire liturgique. xii s.

13876 Lettres de Pierre le Vénérable. — Statuts de Cluny (75). — Règle des cordeliers (104). — Lettres de S. Bernard (108). — xiii s. — Au f. 102 v°, gloses latines et françaises du xiv s.

13877 Coutumes de Cluny. xvii s.

13878 Chronique de S. Remi de Sens, par Victor Cotron. xvii s.

13879 Cartul. de S. Hugues de Grenoble. xii s.

13880 Chronologia Ghisleniana. xvii s.

13881 Ex cronicis Haynoniensibus Bald. de Avennis. xvii s.

13882 Obituaire de S. Germain des Prés, avec le martyrologe d'Usuard et diverses pièces relatives à l'abb. de S. Germain. xii s. sauf les additions.

13883 Professions du couvent des Blancs-Manteaux. xvii s.

13884 Pièces sur l'université de Paris, principalement d'après les recueils de Richer, etc. xvii s.

13885 Statuts des colléges de Tours et de Navarre. xvi s.

13886 Épitaphes de Port-Royal et lettres de Duguet. xviii s.

13887 Recueil pour l'hist. de l'abbaye de S. Denis. xvii s.

13888 Cartul. de S. Nicaise de Meulan. xiii s.

13889 Obituaire de S. Martin de Pontoise, précédé du martyrologe, de la règle de S. Benoit, etc. xiii s.

13890 Histoire de S. Germer de Flay. xvii s.

13891 Mémoires sur Compiègne. xvii s.

13892 Cartul. de l'abb. du Lys. xiii et xiv s.

13893 Chronique de S. Maurin, dioc. d'Agen, par Étienne Dulaura. xvii s.

13894 Chronique de Geoffroi, prieur de Vigeois. xvii s.

13895 Même chronique, suivie de pièces sur l'ordre de Grammont. xvi s.

13896 Hist. des évêques de Metz. xiv s. Pap.

13897 Petite chronique de Tours et Gestes des sires d'Amboise. xvii s.

13898 Chartes de S. Martin de Tours, recueillies par François Lesueur. xvii s.

13899 Traités historiques sur Marmoutier, précédés du livre des voies de Dieu, de la passion des onze mille vierges, etc. xvi s.

13900 Hist. de Marmoutier, par Chantelou. xvii s.

13901 Hist. de Cormery, par Yves Gaigneron. xvii s.
13902 Hist. de l'abb. de Noyers. xvii s.
13903 Chronique des comtes de Nevers. xvi s. Parch.
13904 Cartul. du comté d'Eu. xiii s.
13905 Recueil de D. Jacques Jouvelin sur l'abb. du Bec. xviis.
13906 Cartul. de Bonport. xiv s.
13907 Abrégé de l'histoire de l'abb. de S. Josse sur mer, par
  Robert Wiard. xvii s.
13908 Statuts d'Adalard, abbé de Corbie, etc. — Traité de
  Boèce sur la musique (54). — ix s.
13909 Vie de Wala, abbé de Corbie. x s.
13910 Miracles de N. D. de Laon. xvii s.
13911 Cartul. de l'abb. de Homblières. xvii s.
13912 Statuts de Jacques Jouvenel des Ursins, évêque de
  Poitiers. V. 1500. Parch.
13913 Cartul. de l'évêché d'Angoulême. xiii s.
13914 Notes sur l'hist. ancienne de Marseille. xvii s.
13915 Histoire de l'abb. de Montmajour par Claude Chantelou. xvii s.
13916 Histoire de S. André d'Avignon, par le même.
  xvii s.
13917 Recueil sur l'histoire monastique de l'Italie, etc.
  xvii s.
13918 Déclarations des Pères du Mont Cassin sur la règle de
  S. Benoit. xvi s.
13919 Sur la congrégation de Sainte-Justine. xvii s.
13920 Instructions données par le doge de Venise à Aloysius
  de Garzonibus. 1508. Parch.
13921 Instructions données par le doge de Venise à Bernardus Venerius, potestas Vincentiæ. 1550. Parch.
  Peint.
13922 Instructions données par le doge de Venise à Paulus
  Justinianus, capitaneus Jadræ. 1550. Parch.
13923 Procès sur la mort du cardinal de Rambouillet. Fin
  du xvi s.
13924 Chronique de Naples de 1420 à 1436. xv s. Pap.
13925 Ordinarius divinorum et cerimonie nigrorum monachorum de observantia Bursfeldensi. 1502.
13926 Documents relatifs à Charles-Quint et à François I.
  xvi et xvii s.

43927 Traité des diètes de l'Empire. xvii s.

43928 De præcipuis Germaniæ familiis et praxi hodierna aulæ Cæsareæ liber E. Pufendorfii. xvii s.

43929 Epitaphia insigniora cœmiterii ad S. Johannis quod est Noribergæ. xvii s.

43930-43931 Libelli sub Deductionis titulo adversus Mariæ Theresiæ jura in Belgio editi brevis confutatio, auct. Jo. Doujatio. xvii s.

43932 Pièces sur les abbayes de Lobbes, Afflinghem, Gemblours et Stavelot. xvii s.

43933 Recueil sur l'abbaye de Saint-Tron. xvii s.

43934 Annalium monasterii Disertinensis synopsis, auct. Purpurino Schmidt a Grueneck. 1709.

43935 Histoire de Geoffroi de Monmouth. xiii s.

43936 Roberti historia Iherosolimorum. xv s.

43937 Aristotelis topica, elenci (59), priora (78), posteriora (126), ethica (155). xiii s.

43938 Aristotelis topica et elenchi (64). xiii s.

43939 Aristotelis priora et posteriora. xiii s.

43940 Aristotelis secretum secretorum. — Willermi de Conchis secunda philosophia (25), et tertia philosophia (58). — xv s.

43941-43945 Traités de César de Crémone sur divers ouvrages d'Aristote. xvii s.

43946 Synesii philosophi ad Dioscorum, in librum Democriti, tanquam scholia. xvii s.

43947 Ciceronis libri de officiis, de amicitia (52), de senectute (66 v°), paradoxa (79 v°). xv s.

43948 Liber moralium Lucii Annei Senece ad Lucilium. xiii s.

43949 Extraits de Sénèque par Dartis. xvii s.

43950 Extraits de Sénèque. xvii s.

43951 Liber Apollonii de principalibus rerum causis. xii s.

43952 Copie du ms. 43951. xvii s.

43953 Gloses sur des poésies de Prudence, et sur la Consolation de Boèce (25 v°). — Dicta Candidi de imagine Dei (44 v°). — Figures géométriques etc. (47 v°). — Gloses de Héric sur les catégories (50). — Traité de Boèce sur la Trinité (55). — Sur l'époque de la naissance de J.-C. (63 v°). — Orthographia Bedæ

(65). — Table cosmographique (72 v°). — Concile
de Fimes en 881 (73). — x s.

13954 Consolation de Boèce, avec traduction en vers français. xv s. Parch. et pap.

13955 Mélanges de grammaire, de dialectique et de mathématiques. x s. — Regula Enchiriadis (3 v°). —
Boetii commenta in isagogas (5). — Marciani
Capellæ astronomia (46 v°). — Boetii musica (60).
— Gerbertus Constantino (105 v°). — Boetii geometria (107). — De mensuris etc. (123 v° et 165 v°).
— E Julio Frontino (130 v°), et Columella (131).
— Recettes de médecine et autres (133). — Sur les
mètres (148). — Marius Plotius sacerdos de metris
(150). — Musica Fortunatiani (158 v°).

13956 Periermeniæ Apuleii, Aristotelis (6 v°) et Boetii (15).
ix s.

13957 Liber Themestii de dialecticis locis. — Dialogus
Franconis et Saxonis, discipulorum Albini, de
grammatica (9). — In apocalypsim (47). — Fragments de grammaire (79) et d'astronomie (85). — ix s.

13958 Collection de sentences. xii s. — Libri Senece de
iiii virtutibus (179), et de moribus (185). xv s.

13959 Gervasii Tilleberiensis liber de mirabilibus mundi.
xv s. Pap.

13960 S. Thomas in metaphys. Aristotelis. — Albertus in
metaphys. libros xii et xiii (114 v°). — S. Thome
libellus de contradictione contra eos qui dicunt quod
post separationem ex omnibus animabus non remanet nisi intellectus unus et anima una (128). —
xiii s.

13961 Physicque de Raimond Lulle. — Liber de demonstratione per æquiparantiam in divinis personis (26).
— Nova metaphysica et physica (43). — xvii s.

13962 Clavis artis Lullianæ. — Liber Chaos editus a R. Lullio (51). — Gnomonique (162). — xvii s.

13963 Traité de l'institution du prince. — Bertrandi ad
Raymundum liber de cura rei familiaris (64). —
xiv s.

13964 De regimine principum. 1473.

13965 N. Oresme tractatus de mutationibus monetarum. —

De quibusdam exordiis (14). — Proverbia vulgaria
(33 v°). — 1397.

13966 Summula mag. Lamberti de logica. — Sex principia (87). — Boetii divisiones (88). — Fin du
XIII s.

13967 Summula Lamberti. XIV s.

13968 Questiones primi et secundi librorum priorum Aristotelis, lecte per Nicolaum Amantis. 1397.

13969 Methodus omnibus scientiis. XVII s.

13970 Physiologiæ compendium Thomæ Campanellæ. XVII s.

13971-13972 Joannis Bodini liber de abditis rerum sublimium
arcanis. XVII s.

13973 Jo. Hallensis disputatio de obsequio et imperio. XVII s.

13974 De variis philosopuorum sectis. — De planetis (226).
— XVII s.

13975-13976 Ethica. XVII s.

13977 Monitor regius. XVII s.

13978-14004 Cahiers de classe de philosophie. XVII et XVIII s.

14005 Traités d'alchimie, dont le premier est le livre de
Morienus Romanus. XV s. Pap.

14006 Traités d'alchimie. — Aurora consurgens. — Liber
secretorum alchimie (30). — Flos regis (48). —
XV s. Pap.

14007 Traités alchimiques de Roger Bacon et de Raimond
Lulle. XV s. Pap.

14008 Traités alchimiques de Raimond Lulle. — Liber Haly
dictus Secretum alkimie (62 v°). — Ex libro Flo-
renti de magni lapidis compositione et operatione
(104). — Tractatus Joh. Dons Scoti de lapide philosophorum (156). — V. 1450 et XVI s. Pap.

14009 Liber de famulatu evangelico. XV s.

14010 Recueil de traités alchimiques. XVI s.

14011 OEuvre minéral de Jean Isaac. — Traité de Gaston
Duclo sur la pierre philosophale (259). — XVI s.

14012 Traités alchimiques de Georges Ripla etc. XVI s.

14013 Traités alchimiques, commençant par une lettre
écrite de Liége en 1592.

14014 Urim et Thummim, Lux et veritas. XVII s.

14015 De lapide physico libellus ad Guill. Normantium etc.
XVII s.

14016 Explicatio emblematum de chymia in quibus dracones. XVII s.

14017 Philosophia secreta vere naturalis. XVII s.

14018 Recettes pour la pierre philosophale etc. XVII s.

14019 Enarratio methodica trium Geberi medicinarum, in quibus continetur vera lapidis philosophici confectio. XVII s.

14020 Clavis philosophica. XVII s.

14021-14022 Cahiers de physique. XVII s.

14023 Avicenne traduit par Girard de Crémone. XIV s.

14024 Traités de médecine de Rhazès. XIV s.

14025 Liber medicinalis philosophorum Ypocratis et Galeni; similiter practica Petrocelli Salernitani. — Liber Constantini de simplici medicina (103). — XIV s.

14026 Summa Poncii de S. Egidio. — Pomum ambre (52). — Repressiva Ricardi (80). — Liber de dosi medicinarum secundum Galterum (89 v°). — XIV s.

14027 Regimen sanitatis. XIV s. Pap.

14028 Benedicti de Nursia tractatus de conservatione sanitatis. XV s. Pap.

14029 Recettes de médecine. XVI s.

14030 Compendium receptarum totius medicine, editum a Jheronimo Castelioneo. XVI s.

14031 Recettes de médecine. XVI s.

14032 Recettes de médecine. Fin du XV s.

14033 Leçons de médecine par Jo. Riolanus, Steph. Gourmelenus et Barthol. Passart. XVI s.

14034-14035 Sur les aphorismes d'Hippocrate. 1574.

14036 Artis medicæ synópsis. XVII s.

14037 Definitiones et divisiones medicæ. XVII s.

14038 De medicamentis. XVII s.

14039 Traités de chirurgie et des maladies de la peau. XVII s.

14040 Ars medendi. XVII s.

14041 Therapeutices methodus, auct. Simone Pietre. — Theses selectæ (301). — XVII s.

14042 Talæi collectanea de morbis. XVII s.

14043 Cours de médecine par Sébastien Rainssant. 1645.

14044 Traités de médecine. XVII s.

14045 De morbis internis etc. XVII s.

14046 De morbis cutaneis etc. XVII s.

14047 Riverii materia medica etc. XVII s.

14048 Jo. Hartmanni praxis chymica etc. XVII s.

14049 Spagyricum pharmacochymiæ restitutæ compendium, authore Nic. de Locques. 1653.

14050 Catalogus medicamentorum officinæ D. Cartier, Paris. 1630.

14051-14063 Notes d'un médecin du XVIIᵉ s., peut-être Vallant.

14064 Arithmétique de Boèce. IX s.

14065 Rithmimachia. — Boetii arithmetica (7). — Regulæ ex libris Ptolomei regis de compositione astrolapsus (48 vº). — [Guill. de Conchis] comment. in Timeum Platonis (53). — In Priscianum (61). — Carmen in categorias Aristotelis. ad Bennonem (69). — XI, XII et XIII s.

14066 Commentaires sur Euclide. XVI s.

14067 Practica astrolabii. — Geometria (20). — XVI s.

14068 Ars Turketi. — Calendriers, tables et traités astronomiques. — De kalendario Petri de Dacia (34 vº). — Interpretationes sompniorum (40 vº). — Rota fortune (50 vº). — Theorica planetarum (59). — Liber Thebith ben Chorath de motu octave spere (94 vº). — Ejusdem liber de hiis que indigent expositione antequam legatur Almagesti (97 vº). — Arnaldi de Villa Nova astronomia (110). — XV s. Pap.

14069 Compotus mag. Garlandi. — De dialectica (26). — Prologues et canons des évangiles (35). — Petri Alfonsi tractatus adversus Judeos (49). — Ex canonibus (114). — Calendarium astronomicum a. 1407 (122). — Fragmentum historie Amici et Amelii (135). — Ex Itinerario S. Clementis (141). — De variis reliquiis (178). — Formule litterarum (181). — XII, XIII et XV s.

14070 Calendriers et règles de comput. — Massa compoti (28). — Algorismus de fractionibus (74). — Roberti Anglici quadrans (76). — Algorismus metrice (84). — Blasii Circius (97). — Johannis de Sacro Bosco tractatus de spera (104). — Mich. Scoti tractatus de notitia conjunctionis mundi terrestris cum celesti (112). — Ejusdem tractatus de presagiis stellarum (115). — Leupoldi compilatio de revolutionibus annorum mundi (120). — Canon lune (142) etc. — xiii, xiv et xv s.

14071 Thomæ Campanellæ astrologica. xvii s.

14072 Horoscopes. xvii s.

14073 Libri cabalæ judiciariæ. xvii s.

14074 Mélanges d'astrologie, de fortification etc. xvii s.

14075 Clavicula Salomonis. — Tractatus de spiritibus (125). — xvii s.

14076-14079 Cahiers de mathématiques. xvii et xviii s.

14080 Musique de Boèce, suivie de fragments de l'arithmétique et de la géométrie x s.

14081 J. Francisci tractatus de mœchanicis. xvii s.

14082 Geometria bellica. xvii s.

14083 Mélanges théologiques et historiques, parmi lesquels un traité sur la langue hébraïque etc. xvii s.

14084 Nonius Marcellus xv s.

14085 Etymologies d'Isidore. x s.

14086 Notes sur le calendrier et fragment de martyrologe en lettres onciales. viii s. — Synonymes d'Isidore (6 et 54). — Homélies ou opuscules de S. Augustin (49), de Fauste (107 v°), de S. Jean Chrysostôme (110), de S. Césaire (118 v°), et de S. Grégoire (124 v°). — Extraits de S. Isidore (137) et de S. Jérôme (186). — viii s.

14087 Glossaires bibliques. — Glosæ de libro Eutitii (97). — Ex Prisciano (99). — ix s.

14088 Grammaire attribuée à Bède ou à Alcuin (2 et 29). — Profession de foi (21). — Comput et astronomie (23, 82 et 116). — Hymnes (26). — Bedæ liber de natura rerum (50). — Liber de temporibus et horis et momentis (59). — Theologica (62). — De hereticis (86). — De philosophis (87 v°). — De poetis Esidori etc. (88 v°). — Fragmentum ordinis Romani (99). — ix s.

14089 Traité de Smaragdus sur Donat et l'orthographe d'Isidore (91). — x s.

14090 Hugutionis dictionarium. xiii s. A la fin table des évêchés de la chrétienté.

14091 Grécisme glosé. xiii s.

14092 Doctrinal d'Alexandre de Villedieu. 1287.

14093 Dictionnaire latin, portant principalement sur les mots bibliques. xv s.

14094 Modi significandi, compositi a Michaele de Marbasio. — De dirivatione et compositione dictionum latinarum (40). — Hymni glosati (48). — xiii s.

14095 Grammaire, dont quelques règles sont en français, suivie du poëme de Tobie etc. xv s.

14096 Synonymes latins. — Phrases latines et françaises. — De morte Christi meditatio Roberti Gaguini (20 v°). — Ex persona Ludovici XI epigramma (21 v°). — De Nuremberga urbe (24 v°). — V. 1500.

14097 Lexique de Scapula, annoté. xvi s.

14098 Dictionnaire latin de Robert Constantin, annoté. xvi s.

14099 Extraits d'anciens glossaires etc. xvii s.

14100-14113 Cahiers de classes : thèmes, versions, explications d'auteurs latins. xvii et xviii s.

14114 Anthonii Lusci Vicentini inquisitio artis in orationibus Ciceronis. xv s. Pap.

14115 Déclamations de Quintilien, précédées d'une épître de Jacobus Grasolarius à Christoforus de Priolis. V. 1500. Parch.

14116 Hysidorus de rhetorica. — Ciceronis rhetorica (9). — Liber IV Boetii de topicis differentiis (124 v°). — x s. — Au f. 135 v°, en écriture du xii s. : Dieta totius anni de cibis et potationibus.

14117 Recueil de Guillaume le Maire, moine de S. Denis, mort en 1482, comprenant : Caroli Sacci sermo de S. Bernardo (1). — Synonima Ciceronis (8). — Discours et opuscules d'Æneas Sylvius, de Pierre de Blois et de Jean Geoffroy, cardinal d'Alby. Dialogue de Mercure et de Charon (96 et 109). — Dialogue d'Alain Chartier (117). — Reliques et indulgences de l'abb. de S. Denis (127). — Lettre de S. Bernard à Suger (137). — xv s. Pap.

14118 Oratio Fulvii habita in die conversionis S. Pauli. 1591. XVI s.

14119-14125 Cahiers de rhétorique. xvii et xviii s.

14126-14130 Extrait des Discours de Cicéron. xvii s.

14131 Recueil pour l'étude de l'éloquence. xvii s.

14132 Virgile. xv s.

14133 Horace. xiii s.

14134 Odes d'Horace. 1428. Pap.

14135 Métamorphoses d'Ovide. xiii s.

14136 Moralités de Pierre le Bercheur sur les Métamorphoses d'Ovide. xv s. Pap.

14137 Catulle. 1375.

14138 Juvénal. xii s.

14139 La Thébaïde de Stace. xiii s.

14140 La Thébaïde de Stace. xii s. — A la fin quelques vers d'Eugène de Tolède et plainte d'Édipe.

14141 Lucain. xiii s.

14142 Lucain. xiii s.

14143 Sedulii carmen paschale. — Pauli diaconi carmen de S. Benedicto (55 v°). — De S. Petro exorcista (60). — De gradibus sacerdotum (68 v°). — De libris divinæ auctoritatis (70). — Carmen de S. Quintino (72). — ix s.

14144 Poésies de Fortunat, suivies d'extraits de S. Jérôme et de commentaires sur les évangiles. ix s.

14145 Carmen de S. Agnete. ix s. — Ivonis panormia (9). xii s. — Vita S. Sulpitii (15). xi s. — Novitiorum institutio (19). xv s. — Summa Guill. Autissiodorensis de officiis ecclesiasticis (44). xiii s.

14146 Poésies et extraits divers d'Étienne de Rouen. — Extraits de l'Institution oratoire de Quintilien (42). — Extraits de Martianus Capella (139). — Lettres de papes et autres relatives à l'abb. du Bec, etc. (163).

14147-14149 Petri de Riga Aurora. xiii s. Trois exemplaires.

14150-14151 Galteri Alexandreis. xiii s. Deux exemplaires.

14152 Joh. Bessi carmen de victoria in Venetos a Ludovico XII parta. — Defensio Pompeii in Cesarem (86). — xvi s.

14153 Dialogus metricus inter Genium, Bacchum et Venerem. — Accusatio militis qui defecit a suo principe (54). — Oratio in mercatores (117). — In libidinem pontificum (139). — Oratio ad commilitones (155). — xvi s.

14154 Johannis carmen de bello apud Fornovium gesto. — De laude pacis (155). — Elegia (191). — xvi s.

14455 Pièces en prose et en vers composées du temps de
François Ier dans le collége de Beauvais. xvi s.

14456 Hymnes en l'honneur de la Vierge. xvi s.

14457-14458 Poésies latines et françaises, recueillies pour la plupart
par Jacques du Breul. Fin du xvi s.

14459 Poésies latines sur des sujets sacrés. xvii s.

14460 Poésies latines et ouvrages de grammaire de Rupert
Renauld. xviii s.

14461 Extrait des poètes latins d'Italie. xvii s.

14462 Poésies latines du xvi et du xvii s. La première est le
poème épique du P. Bugnot intitulé Borbonis.

14463 Poésies latines de Jacques Salian, Emanuel Thesaurus, etc. xvii s.

14464 Recueil de poésies latines. xvii s.

14465 De arte poetica. xvii s.

14466 Extrait des lettres de Pline. xvii s.

14467 Lettres et sermons de Fulbert de Chartres. xi s.

14468 Lettres de Hildebert du Mans, d'Arnoul de Lisieux et
d'Etienne de Tournay. Comm^t. du xiii s.

14469 Lettres de Pierre de Blois. — Histoire d'Alexandre
(80). — xiii s.

14470-14471 Lettres de Pierre de Blois. xv s. Deux ex.

14472 Flores dictaminum Petri de Vineis. xiv s.

14473 Dictamina Berardi de Neapoli. xiv s.

14474 Rhetorica Johannis de Sicilia in arte dictandi. —
Summa Britonis (34). — Fin du xiii s.

14475 Pratica sive ars dictaminis Joh. Bondi de Aquilegia.
— Ejusdem flores regularum super arte et usu dictaminis (13 v°). — Ars rhetorica e Tullio, Horatio,
Dalphino Boncompaing, et Johanne Lemovicensi
(48). — 1454. Pap.

14476 Fables en vers et poésies destinées à la jeunesse,
Tobie, etc. xv s. Pap.

14477 Pogii facetie. — De vera nobilitate (75). — Ad Fr. Pe-
trarcham Lombarde a Sirico epistola (92 v°). — A
Serapti oratio (97). — V. 1500. Parch.

14478 Notices bibliographiques. xvii s.

14479 Index librorum ad instruendam bibliothecam, auctore
D. F. D. xvii s. ⸗

14480 Dictionnaire des auteurs sacrés et profanes. xvii s.

14484-14485 Catalogue des mss. latins de la bibliothèque du roi par
les Bénédictins. Fin du xvii s.

14486 Extrait des mss. de quelques abbayes normandes.
xvii s.

14487 Notes de Mabillon pendant ses voyages en Allemagne
et en Italie. xvii s.

14488 Extrait de mss. de Rome. xvii s.

14489 Extrait de mss. de Milan. xvii s.

14490 Catalogue d'une collection de mss. xvii s.

14491 Catalogue d'une bibliothèque. xvii s.

14492 Fragments de mss. — Lettres de Suger et pièces relatives à Suger et à Yves, abbé de S. Denis. xii s. —
Lettre du comte Étienne à Ade, sa femme, sur la
croisade (24 v°). xii s. — Lettres d'Yves de Chartres
(27). xii s. — Poëme d'Adalberon, adressé au roi
Robert (32). xi s. — Charte de l'abb. de Gigny en
898 (44) et passion de S. Nazaire et S. Celse (44 v°).
xi s. — Registre de la confrérie de S. Maur et
S. Fiacre à Paris (46). xv, xvi et xvii s. — Ad
Paulum III Augustini bibliothecarii de via Pauli et
de fontibus inducendis in eam (63). xvi s. — Cérémonial du sacre (73). xii s.

14493 Fragments de mss. du xi au xvi s. — Poésies (4, 8).
— Lettres de Gautier de Mortagne (2), Pierre
[Abélard] (6 v°), frère Eudes (59), Yves de Chartres
(98). — Concile de Pont-Audemer en 4279 (40). —
Ars dictaminis (20). — Sermons (34). — Homélie
de S. Césaire (82 v°). — Canons (87). — Lettres
formées (95 v°). — Lettre de L., abbé de Pouthières,
sur la grammaire (407). — Gerbert sur Porphyre
(409). — Questions sur l'Écriture Sainte (447). —
Préface de Juvencus (449 et 95). — Traité d'Arnoul
de Lisieux contre Girard d'Angoulême (424 et 445).
— Libellus Hug. de S. Victore de virtute amoris
(437). — Miracle de S. Martin par un clerc d'Utrecht
(455).

14494 Fragments de divers mss. du xii au xvii s. — De pre-
cepto et voto. — Bernardi Silvestris megacosmus
(56). — Grécisme (94). — Opuscules de Hildebert
(424). — Antiphonaire (469). — Généalogie des

ducs de Lothier et de Brabant (213). — Traité sur la foi et l'espérance (225). — Épitaphes de l'abb. du Bec (249). — Mémoires sur l'abb. de Fécamp (253).

14195 Divers opuscules imprimés et mss. — Sixti IV bulla contra Florentinos (42). — Joh. de Gerson opusculum de nobilitate (78). — Cento Probe (102). — Mafei Vegii dialogus de veritate et philalete (130). — Comparatio Scipionis, Alexandri et Hanibalis, edita ab Arispa (150). — Franc. de Maronis questiones (158). — Pauli II bulla de jubileo (174). — Comparatio sancte Lugdunensis ecclesie militantis in orbe ad sacram in celis ecclesiam triumphantem (176). — Sermons avec fragments en provençal (186). — xv s.

14196 Extraits de Sénèque et de Tacite. 1582.

14197-14198 Notes et extraits divers de Hugues Thubert.

14199 Notes de Jacq. du Breul.

14200 Notes et extraits, dont beaucoup se rapportent à l'histoire de S. Germain des Prés. xvi s.

14201-14204 Notes et extraits divers. xvi et xvii s.

14205-14222 Extraits faits par le président Séguier. xvi s.

14223 Extraits divers par Séguier. xvii s.

14224-15227 Extraits divers par Bassompierre. xvii s.

14228-14231 Notes et extraits divers. xvii s.

Nogent-le-Rotrou, imprimerie de A. Gouverneur.

9 782019 150358